# EL VERDUGO

ALEJANDRA CUEVAS

# EL VERDUGO

Planeta

Créditos de portada: Planeta Arte & Diseño

Fotografía de portada: © Cuartoscuro / Moisés Pablo
21 de octubre de 2019, CDMX. Alejandro Gertz Manero, Fiscal General de la República, ofreció una conferencia de prensa al finalizar la presentación de la iniciativa «Reforma con el y para el Poder Judicial», en la vieja Casona de Xiconténcatl.

Fotografía contraportada: © Procesofoto / Eduardo Miranda
21 de marzo de 2022, CDMX. La señora Laura Morán Servín, de 95 años y sus nietos: Ana Paula, Gonzalo y Alonso Castillo Cuevas, hijos de Alejandra Cuevas, presa en el reclusorio femenil de la CDMX, por órdenes de Alejandro Gertz Manero.

Fotografía de la autora: © Cortesía de la autora
Formación: Moisés Arroyo Hernández
Archivo fotográfico: Archivo personal de la autora


Bajo el sello editorial PLANETA M.R.
Avenida Presidente Masarik núm. 111,
Piso 2, Polanco V Sección, Miguel Hidalgo
C.P. 11560, Ciudad de México
www.planetadelibros.com.mx

Primera edición en formato epub: septiembre de 2023
ISBN: 978-607-39-0106-2

Primera edición impresa en México: septiembre de 2023
ISBN: 978-607-39-0105-5



Impreso en los talleres de Litográfica Ingramex, S.A. de C.V.
Centeno núm. 162-1, colonia Granjas Esmeralda, Ciudad de México
Impreso y hecho en México – *Printed and made in Mexico*

# ÍNDICE

# MI CAPTURA

Octubre, 2020

El pedal estaba hasta el fondo. Sentía la velocidad como una navaja fría en el estómago mientras Gonzalo, mi hijo menor, se movía entre el tráfico como una bala. Él lo había visto primero. Del mar de latón que circulaba por avenida Reforma ese viernes, había brincado ese maldito vehículo rojo que ahora nos perseguía frenéticamente. En el espejo del retrovisor contemplaba aquella película infernal: un completo extraño dándonos cacería, maniobrando su Hyundai de piel metálica escarlata para alcanzarnos.

El rechinar de las llantas de nuestro perseguidor hacía eco en una de las avenidas más grandes y concurridas de la capital; se escuchaba lejos y cerca a la vez. Ese rugido agudo se orquestaba con el retumbo del motor de nuestro auto, parecido al de una sierra eléctrica, que cortaba el viento para abrirnos paso. Como un fantasma aparecía y desaparecía ese auto que nos empujaba al abismo de una angustia feroz.

Escuchamos un choque al fondo, metal contra metal, un impacto seco que al parecer aniquilaría toda posibilidad de ser capturados, pero el coletazo de ese ruido distante fue solo una ilusión: el vehículo rojo había logrado escurrirse entre los colectivos y autos que colmaban la vía, y nos acorraló. No pudimos escapar.

Un hombre de mediana estatura, calvicie prematura y ojos inyectados de rabia emergió del cajón rojizo con ruedas. Tenía porte de policía, pero no cargaba chapa.

—Este auto tiene reporte de robo —dijo con una severidad teatral.

No nos movimos ni un centímetro; mi hijo seguía aferrado al volante.

En un segundo la aparente pasividad del extraño se transformó en fiereza.

—¡Bájense del coche! —gritó, mientras se acercaba a la puerta del piloto.

Aquel grito me hizo reaccionar y enseguida abrí la guantera y saqué los papeles de nuestro coche.

—¿Cómo que robado? —le dije y le acerqué los documentos—. Aquí tenemos todo en orden.

El hombre me arrebató los títulos. Me miraba fijamente, me escudriñaba el rostro sin pudor. Luego giró los ojos hacia los papeles, los inspeccionó con rapidez.

—Tenemos que verificar estos documentos en la alcaldía Miguel Hidalgo —al decir esto sacó de su chamarra su credencial y se la colocó en el cuello. Se retiró unos pasos.

Mi hijo salió del coche tras el hombre. Vio que el perseguidor sacaba un papel de su chamarra. Gonzalo se volteó hacia mí enseguida; sus facciones se derritieron como una vela.

—¡Ma, vienen por ti! —gritó Gonzalo.

—¿De qué hablas, Gonzalo?

—¡Trae tu foto! —dijo. Y en ese momento, como en cámara lenta, el hombre que nos había quitado los papeles del vehículo me lanzó una mirada punzante.

El presunto policía sacó de su chamarra una radio portátil y comenzó a dar indicaciones mientras se movía con la torpeza de una marioneta sobre la acera.

Tras algunos segundos hablando por la radio, se acercó de nuevo al coche.

—¿Alejandra Cuevas?

Dudé.

—Sí —le respondí lentamente—, soy yo.

—Va a tener que acompañarme —dijo.

Gonzalo sacó su celular y comenzó a grabar y a gritar.

—¡Esto es un secuestro! ¡Están violando leyes y derechos humanos! —vociferó Gonzalo.

Poco a poco fueron llegando patrullas de policía que nos rodearon, haciendo imposible cualquier escape. Las luces rojas y azules pintaban el paisaje a mi alrededor y transformaban las ramas de los árboles en brazos retorcidos y tenebrosos. Las personas que comenzaron a detenerse para ver el suceso eran más figuras espectrales que miraban con morbo una pesadilla ajena.

# MANIOBRA SINIESTRA

—Debes buscarte otro abogado. Lo siento —me dijo con tono muy serio Alfonso Jiménez O'Farril, quien fue mi representante legal por más de cinco años en el circo jurídico que se inauguró tras la defunción del esposo de mi madre, Federico Gertz Manero—. Ya no puedo hacer más por ti. Me siguen amenazando y ahora se quieren ir contra mi esposa.

Cuando Federico murió, nos encadenó al borde de su tumba.

El fallecimiento acaecido en 2015 no fue reseñado por ningún periódico, a pesar de que este miembro de la acaudalada familia Gertz Manero había sido fundador de la Barra de Abogados de México y un prolífico académico y escritor. Ese año, Alejandro, hermano menor de Federico y figura pública de renombre, desencadenó una disputa legal, mediática, furiosa y ensalzada por acusaciones de homicidio en contra mía y de mi madre.

—No nos puedes hacer esto, Poncho —dije con impotencia porque sabía que, si habían comenzado a meterse con su familia cercana, nos dejaría.

—Lo siento, de verdad… Si algún día dices esto de las amenazas, lo voy a tener que negar y explicaré que dejé el caso por exceso de trabajo.

Permanecí en silencio, y él debió presentir lo que estaba pasando por mi mente porque continuó:

—Puedo enfrentar las amenazas en mi contra —me dijo con un tono conciliador—, pero las intimidaciones en contra de mi familia no.

Sentí un vértigo, como si se abriera bajo mis pies una zanja por donde estaba a punto de caer.

El miércoles 14 de octubre de 2020 me entregó todo el expediente del caso generado hasta el momento, me volvió a pedir disculpas y yo le dije que lo entendía. Aquellas fueron las últimas palabras que intercambié con Jiménez O'Farril, antes de que me pidiera que abandonara su oficina con disimulo y con un embrollo de papel de más de cinco mil hojas a cuestas. Tras este hecho, mi primer pensamiento fue que de ninguna manera podíamos quedarnos sin abogado, no en medio del purgatorio jurídico donde estábamos atrapados, en donde el mismo Alejandro Gertz Manero quería ser el maestro de ceremonia y juez, ya que desde hacía algunos meses era el nuevo Fiscal General de la República.

---

El viernes 16 de octubre de 2020, por la mañana, tuvimos una reunión con el abogado que podría continuar defendiéndonos a mi madre y a mí frente a las pretensiones de Alejandro Gertz Manero de sepultarnos en la cárcel. Mi hijo Gonzalo me acompañó al despacho para hablar con el jurista y entender un poco cuál era nuestra situación.

Entramos a la sala de juntas y a los pocos minutos el abogado entró fumando. Se sentó frente a nosotros y escuchó nuestra historia en silencio, asintiendo de vez en cuando. Cuando terminamos, aplastó lo que le quedaba de cigarro en el cenicero.

—Gertz no tiene manera de maniobrar —fue lo primero que dijo. Luego nos hizo un par de preguntas muy puntuales—. Jiménez O'Farril fue muy defensivo; nosotros seremos mucho más ofensivos. En cuanto puedan, mándenme el expediente. —Nos tendió un papel con una cifra—. Y aquí podrán ver cuánto será de mis honorarios.

Regresamos a mi casa y comentamos lo sucedido en la reunión. Su seguridad nos hizo sentir que él podría ser el indicado para acabar con esta pesadilla; se necesitaba de mucha actitud y nervios de acero para hacer frente al recién estrenado Fiscal General.

Llegamos a la casa y llamamos a Ana Paula, mi hija mayor. Gonzalo activó el altavoz:

—Ana, vimos a este cuate, y fue bastante claro y podemos, por lo pronto, enfrentar el costo; luego ya veremos qué hacemos, pero por ahora no debemos esperar un minuto más sin que mi mamá y mi abuela tengan una defensa. Gertz es capaz de todo —rematό.

Le pedimos a Ana Paula que viniera a la casa para hablar del tema porque nos habían advertido que las líneas telefónicas de todos estaban intervenidas por la Fiscalía General de la República. En cuanto tuvo los recursos y la confianza del presidente de México, Alejandro no perdió ni un segundo para extender su influjo de crueldad.

Mi hija nos pidió que por favor fuéramos por ella, ya que su coche se lo había llevado mi nieta Paola.

En ese trayecto me capturaron.

# LAURA Y FEDERICO

Era el fin de la década de los cincuenta y mi madre decidió llevarnos de vacaciones a Acapulco. A ese viaje fuimos mi hermano José de ocho años, mi hermana Laura de seis, mi mamá y yo, la más pequeña, de poco más de tres años.

Acapulco era el destino turístico más importante y exclusivo de México al que venían artistas de Hollywood como Elizabeth Taylor, que celebró, en esa época, una de sus ocho bodas en un hotel del puerto.

Muchos de esos artistas tenían grandes casas de playa con vistas a la bahía. Ser parte de los residentes de Las Brisas era como tener una casa en la costa del Mediterráneo, pero con una playa cálida, mariscos frescos, frutas tropicales y muy cerca de la Ciudad de México.

Una tarde, mientras nosotros jugábamos en la arena y mi madre disfrutaba del sol, un joven de pelo castaño y ojos azules se le acercó.

—¿Qué haces? —dijo.

—Estoy de vacaciones con mis niños —le respondió, imaginando que pronto iba a perder el interés en ella al saber que ya era madre de tres chiquillos.

El extraño se quedó con nosotros haciendo castillos en la arena y platicó amistosamente con mi madre.

Mi mamá dice que nunca imaginó que el joven pretendía algo con ella porque se veía apenas entrando a la adultez.

Cuando el sol comenzó a mermar, acabó la ronda de juegos y él se aproximó a mi mamá para pedirle su número telefónico.

—¡No! ¿Cómo crees que te voy a dar mi teléfono? Yo estoy divorciada. Olvídalo.

Recogió los juguetes y objetos de playa y dejó al joven sentado en la arena, justo al lado del castillo que había levantado con nosotros. A los pocos días regresamos a la capital.

Un día, mientras nosotros estábamos en la escuela y mi mamá estaba en la casa de Polanco, que era de mi padre y en la que vivimos parte de nuestra infancia, sonó el teléfono. Se oyó una voz de hombre:

—Por favor, con la señora Laura Morán.

—¿De parte de quién? —contestó ella.

—Hola, ¿te acuerdas de mí? —le dijo una voz seria del otro lado de la bocina—. Soy Federico Gertz.

—¿Quién?

—El que te conoció en la playa…

Mi mamá no entendía cómo aquel extraño tenía el teléfono de su casa.

—Oye, pero me acuerdo de que yo no te di mi teléfono, ¿cómo lo conseguiste? —le preguntó intrigada.

—Es que tu hijo…

Años después, Federico narraba la situación como una gran hazaña: aquella tarde acapulqueña, en un descanso del juego, en la arena, jaló a mi hermano a la orilla de la playa lejos de la vista de mi madre, le pidió el número y mi hermano, que lo sabía de memoria, se lo dio.

Luego de esa llamada Federico empezó a hablarle a mi mamá constantemente para intentar cortejarla. Empezaron a salir, pero al poco tiempo, cuando Federico anunció a su familia que había conocido a una mujer en Acapulco y sus papás se enteraron de que era divorciada, el cortejo se volvió complicado, casi imposible.

Después de un tiempo de salir juntos, Federico llevó a mi madre a conocer a su familia. Sus padres: José Cornelio Gertz y Mercedes Manero Suárez; y su hermano, Alejandrito, un adolescente de 17 años poco agraciado. Los tres bajaron a la sala a petición de Federico, pero no le dirigieron la palabra a la invitada. Les indignaba pensar que el «soltero de oro», el joven recibido de abogado, con un futuro promisorio, heredero de la fortuna que la familia Gertz había amasado por tres generaciones en México, se iba a juntar con una mujer divorciada y con tres hijos.

Después de la fallida oficialización del noviazgo ante su familia, los padres de Federico decidieron ponerle un ultimátum: o terminaba con mi mamá o lo dejaban fuera de la herencia.

Mi madre recuerda que Federico habló con ella y le dijo abiertamente que la amaba mucho, pero que no podía renunciar a su dinero, así que el romance, iniciado en un cálido día en Acapulco, cerraba ese capítulo.

---

Después de que Federico renunció a mi madre, ella volvió a su vida cotidiana. Pero poco después, él la volvió a buscar y reanudaron su romance a escondidas.

Durante varios años, mi mamá se dedicó de tiempo completo a la casa y a nuestro cuidado, pero cuando llegaba la noche, nos metía a la cama, se aseguraba de que estuviéramos dormidos y salía con Federico. Era un noviazgo de siete de la noche a cuatro o cinco de la mañana, hora en la que regresaba mi madre para alistar todo lo que necesitaríamos para la escuela y luego dormía un poco.

De día y a la luz pública, la relación de mi madre nunca fue abierta. La familia de Federico no lo desheredó, pero tampoco le permitió que formalizara su relación con mi madre.

La familia Gertz ha sido, por décadas, muy rica. Los papás de Federico estaban a cargo de una ferretería que se llamaba Sommer Hermann, y les iba muy bien. Eran la tercera generación de unos migrantes alemanes que habían llegado a Veracruz, poco antes de la Primera Guerra Mundial. Ellos compraron propiedades en el Centro Histórico para ponerlas en renta o venderlas y así fueron amasando su fortuna. El abuelo de Federico se dedicó a la usura: prestaba dinero con altos intereses y se apropiaba las prendas de las personas si después de 10 meses no pagaban su deuda. Yo no conocía esa historia, pero mi madre me contó que Federico cobraba las rentas de los edificios que tenían en el centro, declaraba una mínima parte ante el fisco y el resto lo cambiaba a dólares y lo enviaba a Estados Unidos.

---

Pese a todas las adversidades, a final de los años setenta mi madre y Federico decidieron comenzar a vivir juntos. Él ya no vivía en la lujosa casa de sus padres de Reforma, cerca de la fuente de Petróleos Mexicanos, sino en una casa más pequeña que estaba a tan solo tres o cuatro predios.

Por temporadas, vivían en la pequeña casa de Federico y en la gran casa que tenía mi madre. Hasta que decidieron rentar su propia casa en Lomas de Chapultepec, donde llevaron los muebles de él, los de mi madre y se propusieron, cada fin de semana, comprar antigüedades y pinturas hasta no dejar un espacio libre en sus paredes.

Cada sábado solían visitar los bazares donde los comerciantes tienden mantas sobre el piso de las banquetas para vender discos de acetato, pequeñas esculturas de bronce o lámparas de mesa con pantallas amarillentas.

Entre los pesados muebles de madera de la casa de mi madre era posible encontrar más de una docena de viejos tocadiscos. Desconozco si todos funcionaban a la perfección, pero eran tantos, que ya no cabían sobre las mesitas ni en los esquineros ni en los libreros, ni siquiera en las vitrinas de una de las salas; se podían ver hasta debajo de los sillones, porque no había más espacio donde ponerlos.

---

La rutina entre semana de Federico Gertz consistía en caminar desde la calle Explanada hasta el Paseo de la Reforma y dar la vuelta hacia el norte, para llegar al Periférico, donde tenía su despacho. Diariamente hacía un recorrido de unos cuatro kilómetros y luego pasaba algunas horas firmando documentos y archivando correspondencia.

Con la edad, Federico había ido perdiendo la visión en uno de sus ojos, debido a que padecía glaucoma. También tuvo una operación en la que le colocaron un marcapasos. Su cuerpo dejó de tener la fuerza para caminar ese trayecto a diario, así que comenzó a quedarse en casa.

Religiosamente, Federico comía a diario con mi madre y, enseguida, iba a una de las salas donde accionaba uno de sus tocadiscos para escuchar música clásica; mi madre lo acompañaba tejiendo. Los lunes yo invitaba a comer a mi mamá a mi casa y los martes íbamos las dos a comer a casa de mi hija, Ana Paula, con mis nietos. A mí me molestaba mucho que mientras estábamos en la sobremesa, platicando con mis nietos, mi mamá me dijera angustiada:

—Me tengo que ir porque Federico me está esperando.

—Mamá, pero si estás comiendo.

—Es que quiere que lo vea.

—¿Cómo que quiere que lo veas?

—Sí, cuando se está tomando su té y está escuchando música, quiere que yo esté con él ahí.

—Mamá, pues dile que estás aquí con mis nietos, con mis hijos, que vas al rato.

—No, no, no, no. Quiere que esté con él.

Y mi mamá se iba para estar a las cinco de la tarde, en la sala de libros y tocadiscos, y así ver a Federico tomar el té. Al acabarse la taza con tila o manzanilla, empezaba con el vino tinto y, rodeados de al menos siete perros, él leía los periódicos en silencio, que solo se interrumpía cuando alguna de las mascotas se abalanzaba sobre pedazos de queso, galletas, o cualquier botana que

Federico estuviera comiendo. Siempre me pareció que les demostró más amor a los animales que a cualquier ser humano que tuviera contacto con él.

Quizá por esa forma de ser, por esa manera de su familia de mostrarse como personas extravagantes y superiores, no nos dimos cuenta de cuándo Federico comenzó a tener un deterioro mental senil.

# TRASLADO A SANTA MARTHA

En medio de la redada policial sobre Reforma, que a todas luces intuí ilegal, un oficial se acercó a donde estábamos Gonzalo y yo:

—Súbase al coche que vamos a la delegación —dijo con un semblante oscuro y me señaló el vehículo que acababa de estacionarse.

No ofrecí ninguna resistencia; hubiera sido inútil entre tantos agentes. No me esposaron ni me quitaron las pertenencias que llevaba conmigo. Le hablé en tono calmado a mi hijo, le dije que iría con los hombres, que me siguiera y que les avisara a sus hermanos: Alonso y Ana Paula; él comenzó a grabarlo todo.

Subí al auto, los agentes aseguraron el coche para que no pudiera salir y, segundos antes de que arrancara el automóvil, una oficial mujer se subió de copiloto. Miró por el retrovisor y buscó mis ojos.

—¿Es usted Alejandra Cuevas Morán? —preguntó.

Contesté con un gesto afirmativo, mínimo, que hice con la cabeza.

En ese momento, el vehículo se puso en marcha.

—Ahora la vamos a llevar a que la certifiquen —dijo la oficial y me volvió a echar una mirada por el espejo retrovisor, de donde colgaba un rosario y un par de fotos familiares. Luego, continuó—: Necesitamos un reporte que diga que usted no está golpeada.

—¿Golpeada? —repetí extrañada—. ¿Por qué iba a estar golpeada?

La oficial dejó de mirarme.

—Yo estaba con mi hijo en el coche. ¿A dónde vamos? ¿No íbamos a la delegación? —pregunté.

—Vamos a Santa Martha.

—¿A Santa Martha? ¿Qué es Santa Martha, oficial? —pregunté confundida, ya inmersa de lleno en una pesadilla que recién comenzaba.

—Santa Martha, güerita, la cárcel de mujeres —contestó la mujer mientras se le dibujaba una sonrisa infantil en la cara.

En ese momento entendí que estaba en medio de algo terrible.

Gonzalo envió el video de mi arresto a sus hermanos y siguió, como un águila, el coche que me llevaba a cumplir un giro del destino. Cuando escuché que iríamos a Santa Martha le escribí de inmediato por celular, volteé y vi que venía detrás, hablando por teléfono.

Gonzalo conducía lo más cerca posible del coche que me trasladaba.

—Ana Paula, se están llevando a mi mamá. No, no nos enseñaron nada, no era una patrulla, no presentaron una orden de aprehensión, traían su foto. ¡Ana Paula, se la llevaron! ¡Ana!

Y mi hija, al otro lado de la línea, decía:

—Gonzalo, tranquilo, no la puedes perder de vista porque ahorita la desaparecen. ¡Síguela! Ya voy saliendo para alcanzarte.

---

Desde el asiento trasero de ese automóvil, la ciudad se veía diferente: el cemento con su suciedad, el cielo gris escurriéndose por los edificios de cristal, el viento helado hiriendo los árboles, los botes de basura jorobados, cierto orden en el indomable caos de una ciudad bestial.

Todo se veía más oscuro filtrado por el vidrio de la ventana del vehículo. Entonces, reconocí la avenida por la que andábamos, que era la que usaba para ir a visitar a mi mamá. Ahora iba sobre la misma calle, sin imaginar el precipicio que paulatinamente se expandía debajo de mí y de mi familia.

Detrás del automóvil conducía mi hijo Gonzalo. Yo volteaba ocasionalmente para verlo a través de la ventanilla, para asegurarme de que seguía ahí.

En Viaducto, el coche rojo giró a la derecha y entramos a la Fiscalía General de Justicia (FGJ, antes PGJ), Coordinación Territorial BJ 3 y BJ 4, donde me dijeron que me bajara porque ahí un médico certificaría que no estaba golpeada. Gonzalo se estacionó cerca, entró al mismo edificio y encaró a los policías exigiéndoles que me dejaran, diciendo que todo aquello era ilegal.

Fue hasta ese momento cuando le presentaron a Gonzalo la orden de aprehensión en mi contra; le tomó una fotografía.

---

Salimos del edificio, con fachada fracturada, en donde nos dijeron que no había médico que pudiera revisarme, pero era urgente que pudieran checarme con otro antes de ir a Santa Martha. Los policías me llevaron de vuelta al auto. Arrancaron deprisa, parecía que sus acciones estaban condicionadas por un reloj en cuenta regresiva.

Gonzalo seguía detrás; se veía desesperado hablando por teléfono. Después me contaría que hablaba con Alfonso Jiménez O'Farril, quien había sido nuestro abogado hasta hacía poco.

—¿Qué hago, Poncho? ¡Agarraron a mi mamá y la llevan a Santa Martha!

Hubo un segundo de silencio.

—¿Dónde está el expediente? —le contestó él—. ¡¿Dónde está?!

Fue como si no hubiera escuchado realmente a Gonzalo o como si respondiera pensando en lo que vendría después; ya que pasara el atropello que estábamos sufriendo y se tuviera que armar una nueva defensa para sacarme de la cárcel. El archivo al que se refería era todo el material que había posibilitado nuestra defensa ante las reiteradas acusaciones de las que éramos presas tras la muerte de Federico.

—Aquí tengo el expediente conmigo —respondió Gonzalo—. ¿Pero ahora qué hago? Se la están llevando.

—Yo les dije que buscaran defensa —dijo Alfonso y colgó.

---

En el camino hacia la segunda parada, el vehículo que conducía Gonzalo se difuminó entre otros carros. Enseguida me llamó al celular.

—Ya no tengo gasolina, mamá. Tengo que dejar el coche tirado aquí. Ana Paula viene por mí.

—No me dejes de seguir, Gonzalo. No sé qué está pasando —le supliqué.

—No te preocupes. No te vamos a dejar.

Gonzalo terminó la llamada y yo me aferré a sus últimas palabras, que quedaron resonando como un único eco de esperanza: «No te vamos a dejar. No te vamos a dejar. No te vamos a dejar».

Nos desviamos y terminamos en un área sombría de la metrópoli. Hicimos una parada. El agente al volante abrió la puerta y se dirigió a un edificio de tres pisos. Al poco tiempo regresó molesto mientras se mordía las uñas de la mano izquierda. Se subió al auto.

—No hay doctor aquí, debemos ir a otro lugar —indicó, antes de encender de nuevo el vehículo inundado por una ansiedad asfixiante.

Como aún tenía mi teléfono, porque los secuestradores no me lo habían quitado en todo ese tiempo, pude ir escribiéndoles a mis hijos lo que escuchaba. También aproveché y llamé a mi mamá, que no sabía nada.

El tono de espera sonó una, dos, tres veces.

Contestó ella. Escuchar su voz me provocó ganas de llorar, pero sabía que tenía poco tiempo, así que directamente le conté lo mejor que pude la situación y lo que había que hacer.

—Mamá, no te preocupes. No salgas. No contestes el teléfono. Luego te explico lo que está pasando, pero sabemos que es algo relacionado con Alejandro. Por favor, ten mucho cuidado.

Colgué.

Tras varios minutos, hicimos otra parada. El edifico estaba más descuidado que el anterior. Ahora fue el turno de la oficial de brincar la acera para entrar al inmueble que parecía estar abandonado. Regresó a la patrulla mucho más rápido que su compañero.

—Acá tampoco hay doctor —dijo rechinando los dientes—. Vámonos de una vez a Santa Martha; ya se viene la noche.

¿Era la noche lo que les preocupaba o el terrible azote que era, en mayor instancia, el jefe del sistema de justicia en el que trabajaban?

Su compañero soltó el freno para iniciar la marcha del coche.

# EL DETERIORO Y EL ACCIDENTE

En la Navidad de 2014 Federico aceptó ir a cenar a casa de mi hija. Ana Paula adornó su casa con luces y un gran árbol. Ese 24 de diciembre, Federico se conmovió hasta las lágrimas con el funcionamiento de un peluche que al apretar su mano emanaba música y bailaba. Además, la expresión de su cara era extraña: abría la boca y hacía una especie de mueca muda asintiendo con la cabeza.

—Oye, abuela, ¿no está raro Federico? —me preguntaron mis nietos.

Yo solo lo observaba. No imaginé que Federico tuviera signos de senilidad.

Unos meses después, en 2015, mi madre me contó que un día cuando ella y Federico iban saliendo del restaurante del Club Mundet, él inclinó ligeramente el cuerpo y tuvo que hacer un esfuerzo notable para no tambalearse más. Esa fue la primera señal de lo que sucedería en unos meses, en su propia casa.

Las amigas de mi madre que vieron aquella escena le sugirieron que contratara personal para que lo cuidara, porque un día podía tener un accidente. Mi madre hizo caso, llamó a una agencia y contrató a dos cuidadores que alternaban horarios para estar con Federico. Pero él los corrió alegando que no necesitaba ayuda.

—Laura, quiero que se vayan; no necesito a nadie.

Mi madre me pidió que la apoyara para solucionar la situación. Decidí llamar a Alejandro, el único hermano que tenía Federico. Le expliqué el problema y me sugirió que volviera a contratar unos cuidadores, pero que le dijera que serían sus asistentes, para que no los rechazara. Y así lo hicimos.

---

La mañana del 4 de agosto de 2015 Federico se alistaba para ir a ver a su hermano Alejandro cuando se cayó en su casa y se dio un golpe en la cabeza. La hora y premura de aquella reunión eran poco usuales. Tras el golpe, se levantó y siguió preparándose para salir.

Mi madre se acercó a donde estaba su pareja porque había escuchado el golpe momentos antes, desde otra habitación. Imaginó que tal vez algo se había caído, algún mueble o un objeto de la casa. Lo vio ligeramente desubicado y notó que tenía sangre en la cabeza. Se asustó.

—¿Qué te pasó? —le preguntó ella acercándose mucho a su rostro para ver mejor la zona del impacto.

—Me caí —le respondió seco y se tocó la cabeza.

—Pues vamos al médico a que te cheque, porque se te está haciendo un chichón.

—No. No puedo porque tengo que ir a ver a Alejandro —le contestó, necio, pues supuestamente tenía que ir a hacer una diligencia.

—Pues déjalo, Federico. Háblale a Alejandro. Dile que te caíste y que tienes que ir a ver al doctor.

—No, no, no, ¡no! Alejandro viene por mí —dijo resuelto—. Vamos al doctor otro día, que no puedo decirle que no a mi hermano.

—Vamos al doctor ahora —le repitió mi mamá, pero no pudo convencerlo. Solo consiguió que le dijera que tras atender su pendiente irían, y dejó que le limpiara la sangre y la herida.

Federico Gertz Manero siguió preparándose para salir. Mi madre, que conocía la necedad de su esposo, esperó a que llegara su cuñado para pedirle que pospusieran la cita y pudieran llevarlo a revisión. La herida era visible.

Cuando llegó Alejandro mi madre le comentó enseguida:

—Tu hermano se cayó y está abierto de la cabeza, yo creo que debe ir al médico.

—Imposible, ya nos tenemos que ir. Avísale a Federico que ya estoy esperándolo —fue la respuesta que le dio su cuñado.

—¡Pero está herido, está sangrando! —le advirtió mi madre.

Alejandro la ignoró.

A los pocos minutos, Federico salió de su despacho, se unió a su hermano y se fueron juntos. Mi madre nunca supo a dónde fue Federico esa mañana y por qué aquella cita era más importante que su salud.

---

Ese martes yo llegué a casa de mi madre porque solía reunirme con un grupo de amigas en el comedor para tomar juntas una clase de logoterapia: la búsqueda de sentido como una forma de superar la adversidad. Viktor Frankl, su fundador, hablaba sobre la importancia de la resiliencia, la esperanza y la lucha por sobrevivir. El psiquiatra austriaco, en su obra cumbre, relató su experiencia en los campos de concentración nazi durante la Segunda Guerra Mundial.

Cuando llegué vi que Federico iba bajando las escaleras con más cuidado que el habitual.

—Hola, Federico, ¿cómo estás? —le pregunté sonriendo y muy animada.

—Fíjate que me caí —me dijo.

—¿Cómo que te caíste?

—Sí, mira —me respondió inclinándose para enseñarme su chipote en la cabeza.

—Ay, Federico, ¿y no vas a ir al doctor?

—Sí, pero ahorita voy con Alejandro. Después —dijo despreocupado, restando importancia a todo el asunto—. Ya será después.

Sabía que Federico era terco, y la relación con su hermano Alejandro, inamovible, así que ese motivo doble lo aferraba a los planes que había hecho antes de la caída.

Así quedó. Me reuní con mis amigas que ya empezaban a llegar y entramos a nuestra clase.

Más tarde, le pregunté a mi mamá si ya habían ido con Federico al médico.

—No. Cuando Federico regresó, ya no quiso ir —me respondió con cierto tono de frustración que se desdibujó mientras seguía hablando—. Además, realmente es un chipote pequeño; no le pasó nada, aunque sí hubo un poco de sangre. Pero nada de qué alarmarse.

A los pocos días llamé a mi mamá. Y entre los varios asuntos de los que hablamos, ella me comentó que Federico estaba comportándose de una manera aún más particular que antes.

—Anda extraño. El otro día Federico estaba en el estudio, yo entré a verlo y de repente comenzó a decir: «¡Cuidado! ¡Mira! ¡Ahí hay unos duendes! ¡Mira, mira, mira!». Me asusté y di un brinco, pero por el tipo de comentario y porque conozco su sentido del humor tan pesado, pensé que se trataba de una broma. Aunque después volvió a decirme algo sobre unos duendes acompañados por demonios, y pensé que era exagerado que siguiera con el mismo chiste.

Pasaron unos días, llegó el 18 de agosto. De nuevo estaba en llamada con mi madre. Era el día de su santo y como a ella le gusta cocinar chiles en nogada estábamos poniéndonos de acuerdo. Entonces, sin preguntar nada, Federico, que estaba por ahí, le arrebató el teléfono y comenzó a decirme:

—Oye, tú que eres la única inteligente de esta familia... quiero que me digas... yo tengo muchísimas empresas: tengo más de 100 empresas. Es mucho el dinero que yo tengo. Y presiento como que me quieren extorsionar o me van a secuestrar. Entonces, necesito que me ayudes para ver cómo manejo el dinero...

La petición era por demás extraña, pero que me lo haya dicho a mí lo era aún más. Hablar de dinero era un tema que él manejaba con la mayor de las reservas.

—Déjame ver cómo te puedo ayudar —le contesté confundida—. Yo te ayudo con las empresas, pero pásame a mi mamá. —Me había tomado completamente por sorpresa.

Le devolvió la bocina a mi madre.

—¿Sí te conté que estuvo diciendo que veía duendes? —me preguntó ella.

—Sí me contaste.

—Es que siento que algo anda mal.

—Mamá, a mí tampoco me suena bien. Esto que acaba de hacer y lo que me dijo parece aún más extraño. De hecho, ¿por qué no vamos con un neurólogo?

Mi madre me dijo que sí, pero que le ayudara a indagar a dónde podíamos ir.

Le hablé a Coco, una gran amiga doctora que tengo, y le pedí que me pasara el contacto del mejor neurólogo que conociera. Y me dio un contacto en Médica Sur. Nos fuimos directo para allá.

---

«Deterioro senil», eso sugirió el médico como una primera impresión al ver a Federico. De inmediato mencionó que era muy importante hacer pruebas para realizar un diagnóstico completamente fiable.

El 24 de agosto Federico comenzó a tener problemas de respiración y a presentar flemas y tos.

—Le voy a avisar ahora mismo a su hermano sobre su estado de salud.

—¿Para qué le hablas a Alejandro? —le pregunté—. Tú eres su esposa, y él nunca lo viene a ver, solo lo visita en Navidad.

—Mira, los que más lo queremos, y lo queremos mucho, somos su hermano y yo. Somos lo único que tiene. Y sí, es verdad que casi nunca se ven en persona, pero se hablan casi todos los días por teléfono. Así que le hablo para que se entere, para que venga y veamos qué haremos por la salud de Federico.

Más tarde llegó Alejandro a la casa de mi madre. Nos encontró en el jardín.

Mi mamá se acercó a hablar con él para consultarle qué debían hacer y con respecto a lo que Federico pensaba sobre los hospitales. Yo sabía que el esposo de mi madre siempre había dicho que a él nunca lo llevaran a un hospital en caso de que cayera enfermo, porque «al hospital vas enfermo de una cosa y te matan de otra».

—Yo, si tengo que hacer un quirófano aquí, hago un quirófano —le respondió Alejandro con prepotencia.

—¿Cuánto le puede costar poner un quirófano aquí en la casa? —le pregunté a mi madre cuando su cuñado regresó al interior para revisar qué espacio se podría acondicionar para que se instalara Federico y todo lo necesario para su cuidado.

—No tengo idea, pero si se lo quiere poner, mejor para Federico —me contestó.

Una duda me turbó en ese instante.

—¿No será mejor llevarlo al hospital si se pone mal?

Mi madre alzó los hombros y buscó con la mirada a Alejandro, quien estaba en la sala hablando por su celular, dando órdenes.

Esa noche llegó un grupo de doctores que hablaba y respondía directamente a Alejandro Gertz Manero. Era personal de la Universidad de las Américas, donde él era rector, y que parecía gente para su servicio particular.

Uno de ellos, tras revisar a Federico por algunos minutos e intercambiar impresiones con sus compañeros, se dirigió a Alejandro:

—Oiga, doctor —dijo como si le pidiera permiso para hablar—, yo creo que sería mejor llevarlo a un hospital.

—No, al hospital, no —respondió Alejandro tajante, casi sin voltear a verlo.

Mi madre presenció aquella respuesta tan determinante y que no dejaba lugar a duda de que él impondría su juicio por encima de cualquier otra persona, sin importar lo que le costara. Entonces pensó que, si Alejandro había decidido no mover a Federico al hospital, no habría manera de contrariarlo. No importarían las consecuencias que su decisión le causaría a ella, a su familia o a su propio hermano.

Los médicos acataron la orden de Alejandro en silencio.

—Quiero que instalemos todo aquí —les dijo a los médicos, señalando con las dos manos el espacio donde estaban.

Asintieron y comenzaron a dar vueltas por el lugar. Luego hablaron entre ellos por algunos minutos. Volvieron a buscar a su jefe y le indicaron que lo siguiente era conseguir tanques de oxígeno, equipo y otros materiales médicos.

Federico ya estaba en una cama hospitalaria, que mi mamá había comprado unas semanas antes.

Al día siguiente, los doctores llevaron un equipo enorme y muy aparatoso, que parecía increíble de ver en un domicilio particular, para sacarle una placa de pulmón a Federico. Así comenzaron los cuidados de hospital en casa de mi madre.

---

En total había tres turnos de médicos que iban en la mañana, en la tarde y en la noche a darle seguimiento a Federico, quien con cuidados 24/7 comenzó a mejorar. Victoria, la hija menor de Alejandro, quien vivía justo enfrente de la casa de mi madre, comenzó a visitarlo dos veces al día, siempre acompañada por su esposo Julián Antuñano. En esos escasos días, su otra sobrina, Mercedes, que vivía en Estados Unidos, también fue a visitarlo; en esa misma semana fuimos a la farmacia a comprar las medicinas que le habían prescrito los médicos a Federico.

Tras cinco días de notable convalecencia, el geriatra, también contratado por Alejandro, atendía muy de cerca al esposo de mi madre y me contó que veía mucha mejoría. La perspectiva de una total recuperación era posible.

Pero al día siguiente y en contra de toda lógica, Alejandro irrumpió violentamente en casa de mi mamá para llevarse a su hermano a la fuerza. A partir de este momento, la vida de mi familia nunca volvería a la normalidad.

## BIENVENIDA A SANTA MARTHA

Al llegar al penal de Santa Martha Acatitla, tras un camino que yo sentí interminable, por una ciudad de pesadilla, me bajé del coche y ya estaban ahí Gonzalo y Ana Paula.

Gonzalo, que desde hace muchos años no había vuelto a tocar un cigarro, esa tarde se fumó varios. Cuando fumaba uno de sus tantos tabacos, en mi espera, se le acercó un *coyote*.

—Ustedes vienen por algo grande, ¿verdad? —le dijo, discretamente, más como una aseveración que como una verdadera pregunta, ya que precisamente los *coyotes* afuera de Santa Martha se dedican a «acelerar procesos».

—¿Cómo? —le contestó mi hijo.

—Sí, te pregunto porque acabo de ver a la fiscal por aquí y eso solo pasa cuando hay algo bien gordo. Ella muy rara vez viene y en viernes, menos.

Entre la nicotina, el sobresalto, la persecución, la presión y la espera, a Gonzalo le dio un ataque que pensó era un infarto; terminó siendo atendido por personal de emergencia.

En el momento en que vi a mis hijos esperándome, sentí una tranquilidad indescriptible. Fue como si me estuviera hundiendo en el mar y su presencia me hubiera llevado a la superficie de golpe para tomar aire; pero se trató solo de un instante porque después fue como si la lúgubre voz de Alejandro Gertz Manero me jalara de las profundidades para volver a hundirme.

—Quítese todos los objetos que traiga en el cuerpo —me ordenó un policía.

Me quité el reloj, las cadenas, dos anillos y cuando saqué la bolsa por la ventana, sonó mi celular. Contesté.

—Cuevas, ¿por qué no has marcado?

Era la voz inconfundible de Diana. Todos los viernes, a esa hora, junto a Coco y Ana Laura, hacíamos una videollamada. Somos amigas inseparables desde los seis años.

—Estoy entrando a Santa Martha —le respondí con rapidez—. Por favor, llamen a mis hijos.

Colgué y también entregué mi celular. Entonces, la puerta del penal se abrió ante mí como la boca del infierno. Abracé a mis hijos una última vez. Y entré con la certeza de que ellos no me dejarían ahí. Todo lo demás se quedó fuera.

Me condujeron por unos pasillos interminables que daban vueltas y parecían extenderse infinitamente. Eran pasadizos casi todos iguales y daban la impresión de haber sido abandonados años atrás.

Por fin llegamos a una oficina donde me esperaba un hombre sentado en un escritorio que se caía a pedazos; estaba escoltado por una torre de papeles, libros polvorientos y una computadora.

Sin dejar de ver la pantalla, absorto en su enigmática tarea burocrática, se dirigió a mí:

—¿Nombre?

—Alejandra Cuevas Morán.

—¿Cuántas veces ha estado recluida aquí? —Siguió con su cuestionario, como si no me hubiera escuchado o no importara lo que había dicho antes.

—Nunca me han encarcelado.

El teclado registró mi respuesta.

—¿Tiene familiares en otros reclusorios? —siguió.

—No conozco a nadie que haya pisado una cárcel.

—La felicito entonces por ser la primera. —Tras decir esto, despegó sus ojos de la pantalla y los giró hacia mí. El hombre me escrutó rápidamente y volvió a posar las manos sobre el teclado amarillento de su computadora.

—¿Tiene a alguna amiga privada de la libertad?

—No —le respondí.

El hombre tecleó por algunos segundos más ignorando mi presencia. Después, con una mueca siniestra volvió a dirigirse hacia mí, entrelazó las manos, las colocó sobre el escritorio, y con un tono de sorna me dijo:

—Bienvenida a Santa Martha.

---

En un cuarto contiguo, una mujer policía me ordenó que me quitara la ropa. No había ningún cambiador a la vista. Todo era una gran jaula de acero. Quedé desnuda por algunos minutos; el frío era feroz.

Mi ropa fue tirada a un bote de basura; estábamos en plena pandemia.

«Solo es el fin de semana», pensé, dándome ánimos.

Luego, la mujer uniformada me dio un pantalón que era cinco tallas más grandes que la mía, y una blusa color beige con algunos brillantes.

Con aquella ropa que se me caía, me llevaron por un pasillo iluminado con una luz de neón fría e insuficiente. A los lados había siete celdas.

En una de ellas había una litera y una mujer acostada en la cama de abajo. Abrieron la reja, casi me empujaron dentro, y cerraron aparatosamente detrás de mí. Permanecí congelada por un momento.

—Buenas tardes —dije finalmente, sobreponiéndome a la zozobra, y me subí a la parte de arriba de la litera.

Me recargué sobre una pared; desde ahí podía ver que en las otras celdas había más mujeres que en la que estaba encerrada. Me dediqué a observar en silencio.

En mi mente comencé a decirme: «No me van a romper el espíritu. No me van a romper el espíritu. No me van a romper el espíritu». Sabía que debía mantenerme a flote, necesitaba aguantar, salir de ahí.

Cerré los ojos. Vi a mi hija y a mi hijo sosteniendo mis cosas, llorando y diciéndome que saldría pronto, que harían todo lo posible para sacarme.

Supe que harían lo imposible.

Fue como si mi historia anterior y la que vendría desde este momento dependieran de lo que decidiera ahora: de mis acciones presentes, de mi actitud y mis pensamientos. Ahí dentro dependía de mí; era dueña de mí.

Entendí en ese instante que yo tenía que resistir.

«No me van a romper el espíritu», volví a decirme y abrí los ojos.

---

Esa noche permanecí en mi lugar: en la parte alta de la litera, pegada a la pared.

Luego de unas horas llegó una joven veinteañera con el pelo negro; se acomodó a mi lado. Tras unos minutos de permanecer calladas, observando nuestra celda y las otras, me dijo que no soportaba el dolor en el pecho.

—Estoy lactando y siento mucha presión —continuó.

Me preocupé por ella; conocía ese particular dolor y lo incómodo que puede llegar a ser. Busqué la manera de pedir unas compresas frías para aliviarla.

La custodia comenzó a reírse, se acercó a la reja y, mirándome a los ojos, me dijo:

—¿No quiere que también le traiga unos chicharrones?

Me quedé platicando un largo rato con la joven, así supe que tenía 22 años y cuatro hijos que mantener.

—Y ¿por qué estás aquí? —le pregunté.

—Robo casas —me dijo con orgullo.

Luego, en la celda pegada a la mía, comenzó una riña que fue ganando intensidad rápidamente; al poco tiempo, el ruido comenzó a ser casi ensordecedor.

—Robar casas es bien fácil, y se gana mucho dinero —continuó mi compañera—. Nosotros lo que hacíamos era descomponer los teléfonos de las casas que fichábamos y unos días después íbamos uniformados como si fuéramos trabajadores de Telmex para que nos dejaran entrar.

La custodia de la celda junto a la que estaba golpeaba fuertemente las rejas para que se calmaran las mujeres que se peleaban a puñetazos. Hasta ese momento de mi vida, nunca había visto una golpiza como la que vi. Sangre, mordiscos, risas; era algo atroz.

—Cuando estábamos dentro tratábamos de reunir a los familiares diciendo que queríamos hacerles una encuesta, y era en ese momento cuando los amarrábamos para comenzar la chamba —dijo, con emoción en los ojos.

Luego, siguió detallando cómo era su operación y hasta me contó el nombre de las avenidas por donde solía hacer su trabajo, como ella decía.

—No te imaginas lo que se ve en esas casas —dijo como en una ensoñación—. En una de estas, me encontré con que una vieja ricachona tenía casi 100 perfumes en su baño. ¿Lo puedes creer? ¡Cien pinches perfumes! Yo no daba crédito. Ese día me robé 22 frascos, los que más me gustaron de toda la colección.

Por dentro, me vinieron a la mente los perfumes que tenía en el baño de mi casa. Cada uno con diferente forma y color. Algunas botellas eran diseños minimalistas, mientras que otras eran más elaboradas, pero todas eran únicas. Cada vez que entraba al baño veía encantada la particular manera que tenían los cristales para atrapar la luz y brillar.

Ahora imaginaba a mi compañera mirando estupefacta, en alguna otra casa, un baño parecido al mío.

—Cuando tuve en la bolsa todos los perfumes que me llevé ese día, fui hacia donde estaba la vieja, los saqué de la bolsa, comencé a ponerme todos y le dije: «Mira, pendeja, me estoy robando todos tus perfumes». —Al decir esto hizo gestos con las manos como si se estuviera perfumando todo el cuerpo y se rio.

No dije nada, pero sabía que estaba aprendiendo una de muchas lecciones que tendría en Santa Martha.

La joven me siguió platicando sobre sus robos como si fueran aventuras épicas.

A sus 22 años ya era la jefa de una banda de asaltantes. Me contó cómo consiguieron la ropa de personal de la empresa telefónica; también me compartió la técnica exacta para cortar los cables de las instalaciones sin levantar sospechas, cómo interceptar llamadas y tocar a las puertas para hacer creer que iban a reparar las fallas que ellos mismos habían provocado. Con la práctica, sabía perfectamente dónde suele esconder la gente el dinero y los objetos de valor, sus horarios, cómo hablarles para intimidarlos, todo.

A ella la detuvieron el mismo día que a mí.

Esa mañana, cuando se percató de que había llegado la policía, logró salir de la casa que estaba robando y corrió para esconderse en un callejón. Llevaba al hombro una mochila donde portaba más de 300 000 pesos, pero la tuvo que aventar por encima de la barda de otra casa para que no hubiera evidencia del robo si la detenían.

Cuando creyó que se había logrado escapar, entró una llamada a su teléfono celular: era su madre, que estaba cuidando a su bebé y le preguntaba cuánto tiempo más iba a tardar porque el niño tenía mucha hambre. Mientras me dijo eso, se llevó las manos al pecho para tratar de aliviar el dolor. Luego, continuó:

—Esa llamada me apendejó; di un paso en falso, saliendo por una calle que no debía tomar y me agarraron.

---

Conforme avanzaba el tiempo, comenzaron a llegar más y más personas a la celda. Unas mujeres permanecían sentadas en el piso, otras en las dos únicas camas que había. El ruido iba en aumento en todo el lugar.

También decidí hablarles a quienes iban ingresando y preguntarles por qué estaban detenidas.

«Yo estoy aquí porque me agarraron robando una tienda...», «yo soy *fardera*...», «yo hago la calle...», «esta es la cuarta vez que caigo...». Ese era el murmullo que rebotaba en la celda acompañado de malas palabras.

Tras algunas horas, éramos 14 mujeres en aquel espacio diminuto. Los otros seis calabozos contiguos también estaban a reventar de cuerpos.

No teníamos noción del tiempo debido a que no entraba luz del exterior y ninguna traía reloj. El frío era el único y más certero indicador del paso del tiempo, según otra de las detenidas que se hacía llamar la Beba. Ese aire helado que soplaba por los pasillos, que reptaba y subía por los barrotes, anunciaba la entrada de la madrugada.

—Ese frío que te pone en la madre solo se siente cuando va pasando la noche —había sentenciado la Beba.

Cuando el anunciado soplo helado nos comenzó a torturar, en el retén apareció una de las guardias, frente a nuestra celda.

—¡A bañarse! —nos gritó.

Serían alrededor de las tres de la madrugada. El chiflón de aire helado que se movía por todas partes nos recordaba que eran mediados de octubre. Temblé de frío como no recordaba haberlo hecho nunca.

Me acerqué a la guardia:

—Disculpe, pero ¿por qué a esta hora? —pregunté tiritando.

—Aquí no se dan explicaciones —dijo cortante con un eco de superioridad—. Pero para que sepas: llegó una nueva y trae piojos.

Al fondo del pasillo, por donde había entrado, se encontraba el baño. El lavabo no tenía llaves, el inodoro no tenía tanque de agua y el espacio de la regadera no tenía instalación para bañarse. En el piso había varios botes de pintura usados que resguardaban el agua helada junto a unas jícaras desgastadas.

—Ándale, apúrate, mamita, que no estás en un hotel —me dijo la guardiana que me escoltaba, mientras yo trataba de analizar cómo era el procedimiento para bañarse en ese lugar.

—¿Dónde está la regadera? —pregunté, aunque intuía la respuesta que me esperaba, de todas formas, indagué porque muy dentro de mí anhelaba una respuesta positiva.

—No hay, ¿dónde crees que se colgaban las internas como tú?... ¿Pues dónde crees que estás? ¡¿No entiendes que estás en la cárcel?! —me contestó con sarcasmo la custodia, mientras las reclusas de la celda más cercana me gritaban lisuras.

Suspiré y volví a mirar las cubetas.

—Anda, güerita, ¿crees que no te vamos a ver?, quítate la ropa. Tienes las mismas cositas que nosotras —clamaban algunas internas.

Me desvestí y de nuevo quise que alguien me diera una respuesta que sintiera como un aliento de esperanza.

—Disculpe, ¿y no hay agua caliente? —pregunté a la guardia, también sabiendo lo que me respondería.

Por supuesto, todas comenzaron a reírse de mí.

El primer embate de agua helada me paralizó, lo sentí en las vísceras. Luego, otro azote náutico envolvió mi cuerpo desnudo. No había jabón, pero sí una toalla, que según la custodia era para el uso de unas 40 mujeres que estábamos ahí retenidas.

—Perdóneme, pero yo no me puedo secar con esa toalla.

—Pues no te seques —contestó molesta.

Empapada, me puse la ropa.

No entendí por qué querían que nos bañáramos a esa hora; era inhumano.

—Esto es el comienzo de lo que vas a vivir aquí, reinita —me dijo con burla la custodia cuando salí del baño de regreso a mi celda.

# EL SECUESTRO

Los golpes tenían la cadencia de una cuenta regresiva. Los primeros llamados al domicilio de mi madre fueron con una fuerza moderada que no levantó sospechas. Hacía días que no se dormía bien en aquella casa: las prisas, los cuidados, la angustia acumulada. Se habían hecho comunes las visitas familiares de improvisto, las alarmas a deshoras; así que un llamado a la puerta, aun con un ritmo irregular que parecía ir en aumento, estaba dentro de lo ordinario.

Una de las empleadas fue a atender. Cuando estaba por abrir, los golpes se hicieron más vigorosos, apresurados. Era la mañana del 29 de agosto de 2015, cuando en el umbral apareció Alejandro Gertz Manero. La cuenta llegó a cero.

---

La figura del ahora Fiscal General de la República dio la impresión de obstruir toda la entrada. Detrás de él, a una distancia justa para no verse desde el interior de la casa, había policías, médicos, abogados y más personas; eran como una jauría esperando órdenes.

La empleada dio un paso atrás; alcanzó a mascullar un saludo:

—Señor Alejandro, buen día…

Él no se detuvo y dio un paso dentro de la casa, como si aquel lugar le perteneciera.

Solo en ese momento la empleada se dio cuenta de todas las personas que lo acompañaban. Vio con miedo lo que venía detrás de aquel hombre. ¿Por qué aquel despliegue, parecido al de una maquinaria estatal, para visitar a su hermano que llevaba una semana en cama bajo el cuidado de los médicos que él mismo había designado y que le respondían directamente como a un jefe?

Con Alejandro entraron todas las personas que venían detrás. Ese ajetreo alertó a mi madre, que estaba en su cuarto vistiéndose; se apresuró para recibir a su cuñado, de quien había reconocido la voz en el vestíbulo. Salió de su cuarto y lo llamó:

—Alejandro, ¡qué bueno que vienes!

Mientras bajaba las escaleras de caracol, se dio cuenta de que el hermano de su esposo no había llegado solo.

Lo acompañaban alrededor de 15 hombres de aspecto intimidante, que comenzaron a adueñarse de la entrada de su casa y a merodear sin consideración en la planta baja.

Precisamente en una de las salas de la planta baja, entre sus muebles de madera y uno de los tocadiscos antiguos, en el que escuchaban ópera todas las tardes, mi madre había acondicionado el espacio para la cama de hospital de Federico. Su esposo octogenario reposaba bajo la supervisión de los médicos enviados por su hermano, a quien le remitían continuos reportes de su estado de salud.

—Alejandro, ¿qué traes? —le dijo extrañada mi madre, todavía desde la escalera.

Él levantó la vista para mirar directamente hacia los ojos de ella y le reprochó con un tono áspero:

—Vengo a llevarme a mi hermano.

Hubo un instante de silencio que como una ola amenazaba con cubrir a mi madre y enterrarla. Pero ella se sobrepuso.

—¿Cómo que te lo vas a llevar? —le preguntó mientras bajaba un paso a la vez, pero sin dejar de mirar a su cuñado.

—¡Me lo llevo porque lo estás matando! —le reclamó en tono amenazante Alejandro.

—¿Qué? ¿Cómo que lo estoy matando? ¿De qué me hablas? Son tus doctores y te reportan a ti —le dijo mi mamá, que a sus 88 años sintió que las fuerzas comenzaban a fallarle por la inverosimilitud que estaba ocurriendo delante de sus ojos.

En cuanto estuvo en la planta baja, algunos de los hombres que acompañaban a Alejandro comenzaron a rodearla. Sintió miedo. La alejaron de la sala donde Federico recibía los cuidados médicos y la llevaron al comedor. Entonces, cerraron la puerta detrás de ellos dejando a mi madre aislada del resto de la casa.

Pensó que la habían encerrado sola, pero al darse vuelta se dio cuenta de que con ella estaba un policía, quien de inmediato comenzó a acorralarla con preguntas.

Todo parecía siniestramente planeado a detalle.

—¿Dónde tiene usted las recetas? —comenzó el agente.

Mi madre estaba tratando de procesar el golpe contra su confianza y su intimidad que estaba viviendo en su propia casa.

—¿Por qué lo quiere usted matar? —El agente siguió cuestionando a mi madre, una mujer de cuerpo frágil que, hasta ese momento, había compartido 62 años de su vida con Federico.

Ante la ráfaga de preguntas, mi madre le explicó que su esposo estaba delicado de salud, que había sufrido una caída y que su propio hermano había enviado médicos para que lo cuidaran en su casa. Aun así, continuó el interrogatorio que parecía no buscar respuestas, sino simplemente intimidar:

—¿Qué le está dando de medicinas?

Mi madre le explicó que todo estaba en la sala, donde llevaban una bitácora de los cuidados de Federico. Pero el asedio prosiguió:

—¿Quién se las recetó? ¿Dónde están los enfermeros? ¿No dijo que había enfermeros? Seguro que está inventando todo para matarlo. ¿Por qué lo quiere matar? ¿Dónde están las medicinas con las que lo está matando? Responda. ¡Responda!

Mi madre me confesó que sintió mucho miedo.

---

Varios de los hombres que llegaron con Alejandro Gertz Manero eran policías de la Ciudad de México. Esa mañana irrumpieron en gran parte de la casa de dos pisos y varias habitaciones, tomaron fotografías de todo cuanto había en la casa: los muebles de madera, cada cuadro que cubría las paredes, la estancia, todos los muros, las vitrinas y hasta de lo que había dentro de ellas. Todo esto frente a los ojos atónitos de los empleados de mi madre, el chofer y dos mujeres que trabajaban en la casa, quienes presenciaron todo sin poder hacer nada.

En ese momento, el plan de aquella irrupción se reveló como un relámpago que inicia un incendio:

—¡Señora, se están llevando al licenciado! —gritó Raquel mientras tocaba la puerta del comedor para avisarle a mi mamá.

Ella entonces escapó del encierro y sintió que el corazón se le comprimía, trataba de entender lo que sucedía a una velocidad vertiginosa.

Alcanzó a ver que los agentes de Alejandro tenían a Federico recostado sobre una camilla. No estaba sobre la habitual cama donde reposaba y se encontraba en el jardín de la casa, cerca de la puerta, donde hacía unos minutos había entrado su hermano dinamitando para siempre nuestra vida.

Entre la conmoción y el enojo de ver a Federico tan vulnerable, tan a la disposición de los designios de Alejandro, se lanzó a encarar a este.

Ya cara a cara, alzó los brazos y le preguntó:

—Alejandro, ¿qué estás haciendo? —Y lo sujetó de las solapas de su saco—. ¡¿Por qué me haces esto?!

—Estás matando a mi hermano.

—¿Cómo lo voy a estar matando —le respondió incrédula—, si son tus médicos quienes lo están cuidando? Incluso tus hijas están aquí día y noche. ¿Por qué haría algo así? Hemos pasado una vida juntos; él me adora, como yo a él. ¡No puedes estar hablando en serio, Alejandro!

—¡Tú y tus hijas lo quieren matar! —gritó—. ¡Y te advierto que, si se te ocurre presentarte en el hospital, te meto a la cárcel! —la amenazó Alejandro.

—No hagas esto —le pidió mi madre con un tono de ruego, que se mezcló con el terror de lo que estaba sucediendo. Por un instante demasiado largo se imaginó sin Federico, sin poder ver ni cuidar al amor de su vida.

En ese momento los hombres vestidos como médicos y un par de sujetos ataviados con ropa de enfermeros alejaron aún más la camilla. Ella soltó a Alejandro y fue detrás de su esposo. Ellos lograron salir de la casa; una ambulancia ya esperaba afuera.

Los hombres que supuestamente eran policías apartaron a mi madre de la camilla donde llevaban a Federico. Él permanecía semiinconsciente, aun así, gritó con una voz ahogada por el dolor, estiró uno de sus brazos fuera de la camilla como tratando de alcanzar la mano de mi madre:

—¡Laaaura! ¡Laaaura! ¡Laaaura!

Contra su voluntad, mi mamá fue retenida por los hombres para que no se acercara a la ambulancia en la que se lo llevaban.

Nunca imaginó que ese sería el último día que vería a su compañero de vida. La mañana de ese sábado, Federico Gertz Manero fue secuestrado de su casa por su propio hermano.

---

Mi casa estaba en silencio. Recién había terminado de desayunar y disfrutaba de la tranquilidad del inicio del fin de semana. Entró una llamada a mi celular. Pensé en no contestar. Dejé que sonara dos, tres veces, entonces miré la pantalla para ver quién llamaba. Era de casa de mi madre.

Tomé la llamada.

—¡Señora, su mamá está llore y llore! Tiene que venir a su casa —me dijo Héctor, el chofer, al otro lado de la línea.

—¿Cómo que está llorando? —atiné a preguntar deprisa—. ¿Qué pasó?

Antes de escuchar la respuesta comencé a prepararme mentalmente para salir lo más rápido posible.

—Vino el hermano del señor Federico y se lo llevó en ambulancia.

Sentí un aguijón en el estómago, como si me quemara por dentro. No daba crédito a lo que estaba escuchando.

—Véngase, su mamá está muy mal —pronunció Héctor.

No pregunté nada más. Colgué, y en cuestión de minutos ya estaba en casa de mi madre; por fortuna vivíamos muy cerca, en la delegación Miguel Hidalgo.

---

Cuando llegué a casa de mi madre ella estaba en el salón donde Federico había sido atendido hasta hacía unos minutos. Estaba sentada en uno de los sillones, mirando el espacio vaciado a la fuerza. Lloraba.

Me acerqué a donde estaba mi mamá y la abracé por la espalda. Ahí mismo estaban todas las personas que trabajaban en su casa. Quería que me contaran qué había ocurrido con exactitud; quería armar en mi cabeza toda la escena con la mayor cantidad de detalles posible.

Sollozando, intermitentemente, mi madre me contó lo que había pasado.

Lo primero que le pregunté fue por qué no había llamado en cuanto comenzó todo.

—Esa fue la primera reacción de Héctor. Pero yo les advertí a él y a todos que no se les ocurriera llamarte, porque sé que eres una mujer que no se queda de brazos cruzados, y por la situación que estábamos sufriendo y por el propio temperamento de Alejandro era mejor manejarnos con calma porque es capaz de todo, hasta de lo peor.

El chofer, que estaba ahí, me contó que se habían llevado todas las pertenencias de Federico: la bitácora, las recetas, los medicamentos y que habían tomado fotos por toda la casa.

—¿Cómo que tomaron fotos por toda la casa? —pregunté extrañada.

—Y hubiera visto con qué modos lo subieron a la camilla y cómo se llevaron también al enfermero.

—¿Cómo que se llevaron al enfermero?

—Sí, señora, lo subieron a la ambulancia también con don Federico —dijo la cocinera que también estaba ahí.

Escuché lo que había pasado en voz de todas las personas que estaban presentes. Desde el arribo del ahora Fiscal General de la República, la entrada de todas las personas que venían con él, sus maneras de intimidar: una emboscada en la que encerraron y hostigaron a mi madre mientras preparaban a Federico para llevárselo, hasta la trágica despedida de mi madre y su esposo.

Alejandro Gertz Manero se había llevado a la pareja de mi madre sin decirnos más, más bien amenazándonos.

Decidimos hablar con mi tía que vivía enfrente de la casa de mi mamá, y ambas pensaron en un viejo amigo de la familia que era abogado penalista. Esa misma tarde estábamos sentadas mi madre y yo ante la perplejidad.

—Le voy a llamar a Alejandro —soltó el abogado, que resultó que era amigo del cuñado de mi mamá.

Con una especie de cautela, el amigo de mi madre oprimió el botón y se activó el altavoz.

—Hola, Alejandro, como siempre, es un gusto saludarte.

Hubo un silencio.

El abogado tragó saliva disimuladamente y continuó:

—Estoy con Laura Morán, una querida amiga desde hace mucho tiempo, y como sabes, la esposa de tu hermano Federico; no entiende por qué te llevaste a tu hermano…

Como el latigazo que sientes en la piel cuando te pica una aguamala, se oyó la voz inconfundible de Alejandro:

—Dile a la concubina… —hubo una nueva pausa, aún más dramática que la primera— que no se le ocurra ir al hospital porque la meto a la cárcel. Y que no se haga, porque sabe perfectamente que estaba matando a mi hermano.

Vi cómo el rostro de mi madre se desencajaba de estupor, miedo y tristeza. Sus ojos reflejaban la incredulidad de una situación que rompía cualquier atisbo de familiaridad que alguna vez tuvo con Alejandro Gertz Manero.

El abogado también respiró profundo, quitó el altavoz, se levantó y prosiguió a despedirse y a calmar las aguas con Alejandro.

Tras algunas frases, el amigo de mi madre regresó a su lugar frente a nosotras. Nos miró fijamente e hizo un gesto de excusa, al tiempo que nos explicaba que no podía tomar el caso porque conocía los métodos de Alejandro. Prefería hacerse a un lado.

Salimos del despacho, confundidas y con la sospecha de que la red que era capaz de tejer Alejandro Gertz alrededor nuestro era extensa y peligrosa. Habría que actuar con cuidado y vigilar cada uno de nuestros pasos de ahora en adelante.

Estábamos entrando en una historia de impunidad, violencia, tragedia y venganza, que desde ese momento se iría agravando cada vez más, llevando a todas las personas involucradas en una espiral de terror, en un camino que solo podría definirse como la representación más fidedigna del infierno al que mi madre y mi familia fuimos aislados desde ese verano de 2015.

# DE LA MUERTE A LA VENGANZA

Mi madre estaba muy preocupada por la salud y recuperación de quien fue su pareja por décadas, y doblemente inquieta debido a que no podía estar a su lado en aquellos momentos críticos. Fueron horas, días, semanas de incomunicación, de especular sobre su estado de salud, de saber si Federico estaba recuperándose o no, de no saber siquiera su paradero. El hermetismo era absoluto.

Cuando por fin supimos en qué hospital estaba Federico, el primer impulso de mi mamá fue ir corriendo a verlo, pero la persuadimos para no hacerlo. Le recordamos la amenaza de Alejandro Gertz Manero por si ella se presentaba en el hospital. Todos en casa sabíamos, por experiencia y anteriores situaciones, que él era una persona colérica y que sus venganzas eran puntuales y sin consideración.

Mi madre decidió que, si no podía ir ella en persona, haría todo lo que estuviera a su alcance por saber cómo estaba Federico. Así que le pidió favor a la hija de Imelda, una señora que conocía desde que yo era niña, que intentara visitarlo, como si no supiera nada de la amenaza; sería simplemente una visita preguntando cómo se encontraba el paciente.

—Tienes que pasar desapercibida —le dijo—, o puede ser peligroso.

Ella aceptó ir y al día siguiente, muy temprano, se presentó en el hospital.

Cuando llegó no notó nada raro, así que preguntó en la recepción por el número de habitación de Federico. De inmediato aparecieron unos policías y la rodearon, su actitud era hostil y llegaron con intención de intimidarla y detenerla; tuvo que decirles que solo iba para saber cómo estaba el señor Federico, que nadie la había mandado. En el momento en el que se relajaron los policías, ella se alejó de ahí, salió del hospital y se dirigió a casa de mi madre sin noticias sobre su estado de salud.

Nadie podía visitar a Federico, excepto Alejandro o sus hijas.

---

Por aquellos días la periodista Lolita Ayala estaba internada en el mismo hospital de la Ciudad de México al que habían llevado a Federico. Ella llegó a enterarse de su presencia gracias a su enfermera.

El día 27 de septiembre la mujer que atendía a Lolita le contó la noticia:

—¿Qué cree? —le dijo, mientras hacía como si la atendiera para que no pareciera que había ido corriendo a contarle—. Se acaba de morir el señor que es hermano del que está en la política.

La muerte que le anunciaba era la de Federico Gertz Manero. Lolita supo que pasaría algo grave; sucesos así ocasionan grandes tsunamis en la vida de las personas a su alrededor.

Es posible imaginar con tristeza al hombre rodeado de seguridad que muere solo en su cuarto. Que sigue llamando a su pareja para que lo tome de la mano y no lo deje solo. Luego está ese miedo, ese frío posterior. Y del otro lado de la ciudad mi madre, anhelando esa misma compañía, esos últimos segundos antes de despedirse por última vez, con un beso, acaso.

Ayala conocía muy bien a Federico y a mi madre. Luis, el hermano de la periodista, fue esposo de una prima hermana de mi mamá y vivía enfrente de la casa de Explanada. Así que, en cuanto supo la noticia, le llamó a su cuñada para contársela. Mi tía Sandra más tardó en colgar la llamada que en marcar a la casa de mi madre y darle la noticia.

La primera reacción fue la incredulidad, después la tristeza, acompañada de un sentimiento de impotencia, que expresó reclamando la razón por la que no le habían avisado los familiares más cercanos a Federico.

—¿Cómo que se murió Federico?, ¡¿por qué no me han avisado?!

—Ni te van a avisar —le dijo su prima—. Y no puedes llegar al hospital porque ve tú a saber, si te presentas, qué vaya a hacer Alejandro, ya lo conoces.

—Debería existir una manera… —alegó mi madre, aunque sabía que no la había.

—De verdad, lo siento mucho —la trató de consolar mi tía.

Tras la llamada, el silencio se apoderó de mi madre.

---

Mi mamá no supo cómo fue el velorio de su pareja con la que compartió vida por más de 60 años. No supo si sus restos fueron cremados o inhumados de cuerpo entero. Mi mamá solo intuía dónde reposaba Federico.

En vida lo había acompañado incontables veces a visitar la tumba de sus padres, aquellos que nunca la aceptaron y le hicieron la vida imposible mientras pudieron. Y cuando pasó algún tiempo, tras enterarse de su fallecimiento, se dirigió hacia allá.

Héctor, el chofer de mi madre, llegó a contarme que fueron ahí varias veces a llevar flores y veladoras. En esas visitas mi madre le hablaba a la tumba, y le explicaba por qué no había podido estar a su lado el último mes de su vida.

Sobre la tumba de Federico Gertz Manero actualmente se halla una placa que mandó a hacer mi mamá con el nombre de la persona a quien amaba, el hombre que la ocultó de su familia durante 20 años por miedo a perder su herencia.

Tras el fallecimiento de Federico tuvimos que hacer declaraciones al Ministerio Público; fuimos al de la delegación Miguel Hidalgo. Aquel día entero la pasamos acompañados por nuestro abogado. Estuvimos desde las nueve de la mañana hasta las nueve de la noche —pasando de una oficina a otra, esperando en cada una, hasta el desánimo— con la sensación de que nos trataban de perder dentro de un laberinto burocrático, donde habitaba un Minotauro que esperaba nuestra sangre, y al que ya conocíamos.

Desde entonces, el miedo de que las falsas acusaciones de Alejandro Gertz Manero pudieran impedirme a mí y a mi familia seguir con nuestra vida se materializó en un panorama palpable, cercano y voraz que nos acechaba día a día.

# AUTO DE FORMAL PRISIÓN

Al día siguiente de que ocurrió mi arresto ilegal y de mi reclusión a la cárcel de mujeres de Santa Martha Acatitla, Ana Paula y Gonzalo volvieron trayendo ropa y la medicina que me estaba tomando por la endodoncia hecha dos días antes.

Entraron a la cárcel para hacer una visita, pero fueron recibidos con desprecio y obstaculizando cualquiera de sus acciones.

—Venimos a ver a la señora Alejandra Cuevas Morán.

El hombre detrás del escritorio los barrió con la mirada; después, sin revisar ningún documento y ningún archivo digital, les respondió:

—No tengo a nadie registrada con ese nombre.

—Señor, es imposible, ayer en la noche dejamos a mi mamá aquí, por favor, revise otra vez.

—¿Cómo dicen que se llama? —contestó por fin, atendiendo su computadora para revisar.

—Alejandra Cuevas Morán.

Tecleó algo, hizo algunos sonidos de negativa, salió de la oficina y regresó a los 10 minutos.

—Ah, sí, está aquí —les dijo severamente—, pero igual, no puede dejarle nada porque está en trámite. Vengan el lunes.

Mis hijos tuvieron que salir con todo lo que llevaban para mí.

Mientras iban de regreso a casa de mi madre, Ana Paula les habló a todas las personas que conocía para contarles que me habían arrestado ilegalmente y lo que ahora ocurría en Santa Martha: que las autoridades del penal se habían negado a dejarlos verme y a entregarme la ropa que llevaban y, mucho más grave, la medicina para la endodoncia, lo cual ponía mi salud en un gran riesgo porque necesitaba el antibiótico.

Gonzalo conducía, sabía que tenían que contarle a su abuela lo que estaba pasando.

—Pero, Ana Paula, no le podemos contar toda la verdad a mi Yaya porque la vamos a matar.

—Gonzalo, tenemos que decirle todo, no podemos esconderle lo que está sucediendo —le dijo mi hija con seriedad—. Se terminará enterando. Debe saber la verdad.

Cuando llegaron a la casa, mis hijos encontraron a mi madre sentada en la sala con las luces apagadas, las cortinas cerradas, lo cual la sumergía en una inquietante oscuridad, abrazando a Sandra y Laura, sus dos chihuahuas.

Gonzalo encendió una luz pequeña y Ana Paula comenzó a contarle lo que estábamos viviendo.

De pronto, mis hijos empezaron a ver la gestación de una catarata en sus pupilas y terminó llorando desconsoladamente. Los tres se abrazaron.

---

El sábado permanecí en la misma celda en la que me recluyeron cuando me encarcelaron el día anterior. Pasé el día escuchando a las demás presas, contemplando y tratando de entender el lugar. Esa noche nos aventaron una charola, como las que hay en los comedores de un hospital, en la que nos dieron una mortadela con papas, que no solo no estaba fresca, sino que tenía una textura infecta. Ninguna de las mujeres en mi celda tocó la comida y yo fui la única dispuesta a tomar la cuchara de plástico y cortar la mortadela para comérmela.

En cuanto llegué a Santa Martha supe que, si no comía, podría enfermarme; ya bastante preocupación tenía con cuidar que la endodoncia no me causara molestia ni se infectara.

—Mmmm, qué rico está —me dije, tratando de convencerme a mí misma de que aquella comida no estaba podrida; mis compañeras de celda me vieron como un bicho raro.

Ese día perdí el apetito por los siguientes 17 meses, pero mi convicción por mantenerme sana y lo más fuerte posible se afianzó.

---

Después de mi primer fin de semana privada de la libertad me anunciaron que sería llevada a mi audiencia. Era lunes y para mí sería el día de partida; estaba segura de que en cuestión de horas se aclararía el error y saldría de ese lugar.

Estaba convencida de que mi aprehensión era parte del interés económico y la obsesión criminal de Alejandro Gertz Manero, que ahora tenía más poder como Fiscal General de la República, lo cual era cierto dada la autonomía que le había otorgado el Estado mexicano.

De hecho, a partir de que fue propuesto por el presidente Andrés Manuel López Obrador, y ratificado por el Senado en 2019, mi hasta entonces abogado Alfonso Jiménez O'Farril renunció a continuar con nuestra defensa.

Lo había hecho de forma impecable, desarmando cada asedio de Alejandro, durante cinco años en los que no nos cobró por la gran amistad que tenía con Fernando Díaz Castañares, el esposo de mi sobrina Regina. Mi hermana también había sido acusada de asesinato por Gertz Manero, quien había manipulado la ley a su antojo a través de sus redes de poder, complicidad y amenazas.

Poncho logró en dos ocasiones, durante cinco años, el no ejercicio de la acción penal en los intentos de Gertz Manero por iniciar una orden de aprehensión, pero en ese entonces Alejandro era el rector de una universidad privada. Ahora se había convertido en uno de los hombres más poderosos de México, uno capaz de trenzar los brazos de la justicia y manejarlos a su antojo.

Ese primer lunes en Santa Martha me sacaron de los separos para llevarme al juzgado, que se encuentra ahí mismo. Caminé por un pasillo largo y fui conducida por un acceso que decía «Juzgados». Yo estaba en una especie de recibidor, con medio muro ciego que cubría gran parte del cuerpo, el cual tenía un cristal con unos hoyitos, reforzado por fuera con unas barras que realmente te hacen sentir que estás en la cárcel. Del otro lado se encontraban las personas que eran libres: estaba la jueza, la secretaria de Acuerdos, los abogados de mi defensa, los de Gertz Manero, que parecían prestanombres por la apariencia que tenían, con los zapatos desgastados y los trajes sueltos que usaban.

Cuando llegué a la sala también vi a mi gran amigo José, quien me explicó que no había ningún argumento sólido para mantenerme en reclusión, de modo que no había nada de qué preocuparse.

En medio de la conversación levanté la mirada y pude ver a través de un ventanal a mis hijos al fondo del salón, Ana Paula, Gonzalo y Alonso, quien vivía en el extranjero.

Sentí vértigo e intuí que el asunto se había complicado mucho: Alonso es el segundo de mis hijos y vive en Estados Unidos, donde es periodista desde hace muchos años. Me dije: «¿A qué vino si saben que no hay absolutamente nada en mi contra y que me voy hoy mismo?».

Yo estaba no sé con qué aspecto, en una especie de cuarto al que solo le llegaba la luz del pasillo y la del juzgado, separada por medio muro entre la libertad y mis hijos. Las paredes de los lados tenían muchos rayones, consignas y frases soeces.

Tiempo después, Alonso me explicó que en cuanto le habían informado sobre el arresto, buscó el primer avión a México y llegó ese fin de semana, sin importar el desenlace de la audiencia. Pero yo no lo pensé así, porque imaginé que saldría el lunes y que no era necesario que viniera porque sus hermanos estaban conmigo.

Recordé al instante que un par de días antes hablé por teléfono con Alonso.

—El abogado todavía no me entrega el expediente.

—Todo esto me da muy mala espina, por favor, ve al acuario.

El «acuario» era la clave que usábamos para referirnos a Estados Unidos o a España, ya que nos habían advertido que nuestras líneas telefónicas estaban intervenidas.

—No puedo dejar a tu Yaya.

Inició la audiencia. Fue extensa, enrevesada y tediosa; una combinación perfecta para desanimar y desarmar a cualquier persona que no fuera abogada y entendiera a detalle lo que se estaba discutiendo.

Era como si aquella fuera una puesta en escena inteligible, con el objetivo de servir únicamente a quienes están del lado del poder. Si además se sumaba el hecho de que quien estaba acusando era también juez, estábamos en una situación no solo desigual, sino criminal.

Yo seguía pensando por qué estaba ahí Alonso, cuando una voz como un rayo me terminó de partir en dos:

—Se le dicta hoy 19 de octubre de 2020 auto de formal prisión a Alejandra Guadalupe Cuevas Morán —zanjó la jueza Marcela Ángeles Arrieta del juzgado 67 en materia penal, que, con unos cuantos garabatos, a sabiendas de que era inocente y que contaba con un amparo, me enterró en la cárcel.

¿Habrá pensado la jueza en el daño que le causó a mi familia, desde mi madre de 94 años hasta mi nieto de 13? ¿A cuántas personas les habrá hecho lo mismo esta funcionaria que ese día me privaba de la libertad, acaso coludida con el Fiscal General y con su deseo de venganza personal?

Ante esta declaración, las caras de mis hijos se desmoronaron.

El delito por el que me estaban condenando era el de homicidio doloso de la pareja de mi madre, Federico Gertz Manero, que había muerto solo en un hospital, al cuidado de su hermano, un mes después de que dejamos de verlo.

Después de todo lo que vivimos mi madre, mis hijos y yo, años más tarde, la jueza me mandó a decir que ese día ella dictó el auto de formal prisión porque los funcionarios de la Fiscalía General de Justicia de la Ciudad de México le prometieron que yo iba a salir pronto y el asunto se iba a arreglar.

---

Pero ese 19 de octubre de 2020 la jueza decidió parte de mi destino. Consciente de que no había elementos para procesarme, determinó un plazo de 15 días para aportar pruebas.

Yo no había acabado de procesar el auto de formal prisión cuando pregunté:

—Pero ¿cómo voy a iniciar un proceso?, ¿un proceso de qué?

Hubo un murmullo en la sala.

En ese instante vi que José, que también había asistido a la audiencia, estiró su brazo y puso el pulgar hacia abajo, como condenaban los emperadores a los gladiadores en el Coliseo romano. Pero yo no me iba a rendir.

Le solicité a la secretaria de Acuerdos su permiso para que mis hijos se acercaran. Asintió, y de ese modo se aproximaron a la rejilla de prácticas detrás de la que yo estaba detenida.

Alonso y Ana Paula entraron a la sala, uno a la vez, y pude intercambiar con ellos solo un par de palabras, las cuales se estrellaron en un vidrio blindado que bloqueaba mi dolor y el de tantas mujeres a las que en ese mismo lugar les habían arrebatado la libertad. Pasó Alonso, hablé con él; luego entró Ana Paula, conversé con ella y me dijo que no me preocupara. Nuestros diálogos fueron del tipo: «Mamá, esto, mamá, lo otro»; pero esa ligereza me hizo sentir bien por unos momentos, como si todo fuera a terminar en un parpadeo.

Todos me intentaban dar ánimos, pero ninguno realmente tenía optimismo.

Estábamos en *shock*.

Gonzalo, mi hijo, quien vivió conmigo la psicosis de la persecución y de la aprehensión, se quedó al fondo del juzgado, estaba totalmente fuera de sí; no lograba, como yo, procesar lo que estaba ocurriendo. Lo vi como nunca lo había visto y nunca lo volví a ver: demolido. Luego, desde lejos, con nuestros ojos conectados, mi hijo más chico comenzó a hacerme corazones en el aire con sus dedos, sin pronunciar una sola palabra; casi me muero del dolor.

No lloré frente a ellos. Me tragué el dolor de verlos sufrir. Pensé que si me veían rota, ellos se iban a romper. Y en ese momento recordé la promesa que me hice a mí misma y que repetí durante mi encierro: «No me van a romper el espíritu».

Luego mis hijos tuvieron que salir. Entonces pude platicar con el abogado sobre las implicaciones de lo que estaba ocurriendo.

—¿Cómo que me voy a quedar? —le cuestioné en la negación total.

—Sí, Alejandra, te vincularon a proceso, todo está amañado. Es cosa del fiscal Gertz.

Respiré y le dije:

—Veamos, en el mejor de los escenarios, ¿cuánto tiempo voy a estar aquí?

—En el mejor de los escenarios, tres meses —dijo el abogado, de no más de 45 años, apretando los labios.

—¿Tres meses?

No me podía imaginar en ese lugar tres meses, por el simple capricho de un hombre como Gertz Manero, vinculado al poder más oscuro, y menos por la muerte de su hermano que había fallecido bajo su custodia, en un hospital privado, en donde ni mi madre pudo verlo durante su último mes de vida.

Volví a respirar. Me hice de valor y exhalé:

—¿Y en el peor de los escenarios?

La pregunta se quedó flotando durante unos segundos frente a ambos. Ese era el cuestionamiento que mi abogado no quería contestar, pero al mismo tiempo era, probablemente, la pregunta más importante de responder en esos momentos.

—En el peor de los escenarios, año y medio —respondió rápido esto último, como si al decirlo así ese periodo se volviera más corto.

—¿Año y medio? —pregunté incrédula, temblando del coraje—. Yo no me puedo quedar aquí —le reclamé.

El tiempo de la audiencia se había acabado, la perspectiva a futuro era macabra y terrible; yo estaba conmocionada.

Entonces hice lo que había practicado tantos años: mantenerme en el tiempo presente sin dejar que los pensamientos negativos me invadieran; fue un segundo, como si estuviera viendo una película proyectada en la pared rota, en el que recordé los consejos que había estudiado en un curso de budismo. Ni pasado, tampoco futuro, hay que concentrarse en el hoy.

—Diles a mis hijos que permanezcan tranquilos, no sobrevivo tres meses, sobrevivo más. A mí no me rompen el espíritu —le expresé al abogado.

---

Al salir del cuarto que me comunicaba con el juzgado recorrí el pasillo de regreso, pero ya no volví a los separos, ahora me llevaron a un área que se llama «Protección», donde me reencontré con un grupo de colombianas y la joven que estaba lactando.

El espacio era diferente al primero y nos encontrábamos cinco mujeres en una estancia desde donde era imposible ver a las otras internas.

Al llegar a la pieza donde estaban las otras reclusas oí que se preguntaban entre ellas:

—¿Qué pedirías que te trajeran en este momento a la cárcel?

—Un macho —contestó riendo una mujer de unos 30 años.

—Dinero —gritó otra.

—Una Biblia, porque aquí vive el diablo.

Llegó mi turno. Tenía los ojos enrojecidos, la garganta seca.

—Un té caliente…

Repentinamente, escuché un susurro de otra celda. Era una voz pausada y amistosa que me indicaba que sacara la mano.

—Aquí las paredes tienen oídos, doña —dijo una de las internas.

Tuve miedo de exponerme. ¿Qué tal si me cortaban la mano?, pero mis compañeras de celda me motivaron.

—Ella está encerrada, no te puede hacer nada, tranquila.

Cuando hice contacto con la reclusa de la celda contigua me alargó un té de manzanilla caliente. Al tomar el vaso diminuto de cartón me desmoroné. Tenía años sin llorar, y esas lágrimas con la infusión caliente calmaron la angustia que sentía. La acción de quien me dio el brebaje fue un bálsamo para el alma.

¿Cómo en ese lugar maldito, de miseria y terror, alguien sin conocerme me dio ese regalo de esperanza?

# EL TESTAMENTO QUE BENEFICIA A ALEJANDRO

Tres años antes de la muerte de Federico, en 2012, mi madre me llamó para decirme algo que mucho tiempo después tendría sentido, pero en ese momento parecía la pieza perdida de un rompecabezas invisible.

—Federico cambió el testamento —me expresó aquella tarde.

—¿Cómo…?

—Todo se lo deja a Alejandro… Y me dijo que yo tendré una pensión mensual, los gastos médicos cubiertos y todos los objetos de la casa. No entiendo el cambio repentino, no tiene sentido.

La siguiente ocasión en que fui a visitarla me mostró los términos del testamento:

*Lega en favor de su esposa Laura Morán Servín el usufructo vitalicio de la casa marcada con el número 150 de la calle Juan Vicente Güemes, col. Lomas Virreyes. El usufructo vitalicio de todos los muebles y enseres que se encuentren en dicha casa. Asimismo, le lega con cargo al acervo hereditario la cantidad equivalente a cincuenta mil pesos mensuales que deberá recibir del albacea, libre de cualquier gasto o impuesto, en el concepto de que instruya aquel, para que cubra cualquier gasto extraordinario en caso de enfermedad o de intervención quirúrgica que llegara a requerir la legataria.*

Cuando vi los términos del testamento sabía que no iba a ser suficiente para cubrir los gastos que tenía mi madre: tenía que pagar un seguro de gastos médicos, más la renta de la casa en la que vivían y el sueldo de las tres personas que los ayudaban en la casa.

Además de dejar «la masa hereditaria» —algo que sigue siendo difuso, hermético y lleno de secretos— a su hermano Alejandro Gertz Manero, Federico le pidió a mi madre que le diera la firma para retirar el dinero que tenían en una cuenta mancomunada en Estados Unidos. Incluso llegó a amenazarla diciéndole que, si ella no le daba su firma para sacar el dinero que estaba a nombre de los dos, él se iría de la casa.

—Quiero la firma.

—Federico, ¿pasó algo?

—La quiero y punto.

—No te la doy.

—Si no me la das, me voy a ir de la casa.

Al día siguiente mi mamá despertó, bajó arreglada y le dijo:

—Vamos al banco, sabes perfectamente que yo nunca he estado contigo por tu dinero, siempre tuve el mío, y nunca te he pedido nada, pero sí me extraña el cambio inesperado.

Al enterarme de ese chantaje, mi primera reacción fue no creerlo; después le comenté a mi madre que me parecía incomprensible.

—Yo estoy casada con Federico porque lo quiero —me dijo seriamente—. A mí no me interesa su dinero. Aparte yo me voy a morir antes que él porque yo soy seis años mayor, así que le firmo lo que quiera y que haga el testamento como mejor le parezca.

—Bueno, es tu decisión —le recalqué, y terminamos la conversación aquella vez.

---

Tras la muerte de Federico, se inventaron delitos en contra de mi madre, mi hermana y mía para evitar que ella impugnara el testamento y reclamara una herencia de la que no tenemos idea a cuánto ascendía en ese momento. Esa es una de las hipótesis que nos explicaron nuestros abogados, cuando comenzó la andanada de citatorios, primero intentando inculparnos por el estado de salud del hombre de 82 años y, más tarde, por su muerte.

Durante los primeros años no fue difícil tirar legalmente las delirantes construcciones de delitos para incriminarnos.

El mismo Alejandro Gertz Manero envió a dos grupos de médicos de la Universidad de las Américas, donde ocupaba el cargo de rector, para cuidar de la salud de su hermano mientras estuvo en casa de mi mamá. Por las noches, el doctor Miguel Ángel Ceñal Martínez, «el mejor geriatra de México», según Alejandro, le daba puntualmente un reporte por teléfono sobre el estado de salud de su hermano, también desde la casa de mi madre.

Cuando secuestró a su hermano, a finales de agosto, Alejandro lo llevó a un hospital que él mismo eligió y puso un cerco con elementos de seguridad —al fin imperó su mentalidad de policía— para que nadie, que no fueran sus hijas o él, pudiera acercarse a Federico.

—Alejandro tiene miedo de que impugnen el testamento porque no es normal que después de 60 años de tener una pareja, él le deje todo al hermano —nos dijeron los abogados—. Eso no es habitual y en una impugnación sí pueden ganar.

Aun así, desde la muerte de Federico, mi mamá no hizo nada durante cinco años, a pesar de que con la pensión que recibía no era suficiente para cubrir sus gastos. Yo me encargué de que no le faltara nada.

Otros abogados me explicaron que el delito de homicidio es uno de los que te privan de cualquier derecho sucesorio.

Después se supo por investigaciones periodísticas que entre las cuentas bancarias que tenía Federico había dinero heredado de su familia, pero también había millones de dólares en paraísos fiscales que Alejandro había puesto a nombre de su hermano para proteger su imagen pública.

Cuando encontraron a Federico en los *Panama Papers* la investigación se volvió un escándalo de políticos y celebridades en el mundo que tenían fortunas en empresas *offshore*. Alejandro dijo que él no tenía nada que ver, que era su hermano el que estaba ahí.

Fue entonces cuando nos preguntamos de qué dinero se trataba porque nosotros no sabíamos de los paraísos fiscales.

# DE PROTECCIÓN AL EDIFICIO C

Las otras presas me explicaron que en Protección es donde están aquellas internas que pueden correr peligro entre el resto de la población por el tipo de delito del que se les acusa.

Por ejemplo, ahí está la profesora Mónica García Villegas, directora del Colegio Rébsamen de la alcaldía Tlalpan, donde murieron 19 niños y siete adultos en el sismo del 19 de septiembre de 2017 en la Ciudad de México. También está ahí la madre del caso de «Calcetitas rojas», en el que una niña fue hallada muerta con signos de violencia en el Estado de México… después supe que precisamente fue ella la que me dio el té. Los delitos en contra de niños son imperdonables en Santa Martha. Puede haber narcotraficantes, secuestradoras, estafadoras, responsables de robos y homicidios, pero ¿matar a un menor? Eso es condenado por todas.

Otra de las razones por las cuales llevan a una presa al área de Protección sería porque corre peligro debido a motivos políticos. Fue el caso de Rosario Robles.

Estar en Protección implica salir solamente una hora al día de la celda. Yo no habría soportado eso. Mientras me explicaron todo aquello, llegó la noche y nos dijeron que nos iban a llevar a nuestras celdas definitivas.

Aquella vez dormí en el suelo con otras cuatro mujeres. Desde ahí la celda se ve más oscura. Ni la luz de la luna que imaginaba me consolaba. El frío que emanaba del piso de la cárcel amenazaba con congelarte el corazón. Pero yo estaba determinada no solo a sobrevivir, sino también a salir cuerda de ese lugar.

Horas después comencé a sentir cosquilleos, pensé que quizá se me estarían durmiendo los músculos por la dureza del piso, pero no, eran dos cucarachas que caminaban sobre mis hombros y se divertían mordiendo los harapos que llevaba encima. No quise aplastarlas porque, en el colmo del absurdo ante lo que vivía, tenía la filosofía de no matar a ningún ser vivo, debido a que en varios cursos de budismo que había tomado a lo largo de los años los maestros siempre lo recalcaban. Así que las tomé con cuidado de las antenas para dejarlas en el suelo, que estaba tan frío que ni ellas querían dormir sobre este.

—No me van a romper el espíritu —susurré.

---

Ya me había hecho amiga de varias internas cuando, al día siguiente, llegó la custodia.

—Vámonos a sus celdas definitivas.

Cuando ingresé a la cárcel me entregaron un papel en el que se establecían los derechos que teníamos, como artículos elementales de limpieza, que nunca le dieron a nadie. En la misma hoja venía el edificio y el número de celda a los que tenía que dirigirme.

A mis amigas colombianas les tocó la letra A y a mí la C.

En realidad no solo las colombianas serían trasladadas al edificio A…

—Todas se van al edificio A. Menos tú, Cuevas; tú vas al edificio C —gritó una guardia.

De inmediato sentí la falta de aire, ¿por qué todas se iban hacia el edificio A y yo al C?

Me quedé mirando el papelito que decía «Cuevas Morán, C 305» cuando se acercó la custodia gritando:

—A ver, ya se tienen que ir a sus jaulas. ¡Vámonos!

¿Qué vendría ahora? A las mujeres con las que estuve los primeros días encarcelada por lo menos ya las conocía y no me habían hecho daño.

Abrieron las puertas.

Salimos de esa área, en la cual había varias celdas, bajamos las escaleras y comenzamos a caminar por un pasillo conocido como el «Kilómetro», que conecta el corazón del octágono, que forma el penal de Santa Martha Acatitla, con todos sus edificios. El complejo penitenciario está formado por ocho edificios y este es el conducto que te comunica con todos ellos; con la oficina de la dirección, con el acceso a algunos de los juzgados, con la enfermería, en fin, con cada parte y rincón del penal. Dentro da la apariencia de ser interminable.

Los pasillos te cegaban con la luz blanca, como de interrogatorio, y el frío paralizaba. Desde ese pasadizo no se veía el cielo, solo una luz incandescente que guiaba la marcha y unos muros inmensos que enmarcaban la metrópoli del dolor.

---

Para ese entonces caí en la cuenta de que llevaba la misma ropa interior que la del día de mi ingreso, los mismos pantalones y el suéter procedente del montón de ropa tirada en el suelo. El viernes había salido maquillada de la casa, peinada, como usualmente me gusta estar, pero ahora no tenía idea de cómo me veía. No había espejos, no sabía si con el baño se me había corrido el rímel; quizá tenía manchas y grumos en las pestañas.

Cuando llegamos a donde estaba el letrero con la letra A, la custodia dijo:

—Aquí se quedan todas; yo voy a entrar con ellas porque todas van al A. —Luego se volteó hacia mí—. ¡Y tú, Alejandra!, vete derecho para el otro lado y busca la letra C, y cuando llegues ahí das tu nombre y que te den tu celda.

—Oiga, pero ¿cómo voy a llegar al C? Yo no sé cómo es —le dije aterrada.

—Pues ahí la encuentras, pendeja, ni que fuera tan difícil —me dijo en una forma tajante y grosera.

Me quedé parada en el pasillo vacío del Kilómetro.

En ese momento sentí que mi cuerpo se desarmaba. Estaba completamente sola en ese corredor caminando hacia una onda de ruido que me envolvía. El miedo comenzó a intoxicarme, comencé a temblar involuntariamente. Con cada paso que daba en esa travesía sentía una punzada asesina en la planta del pie.

Había escuchado que la gente podía hacerse pipí de miedo y siempre pensé que era una leyenda urbana. Yo podía hacerme pipí, pero de risa. De joven competía con mis amigas a ver quién podía reír más sin que sucediera lo inevitable. Ahora era totalmente diferente; estaba completamente sola en aquel pasillo, enfrentándome a una amenaza mortal que se cernía sobre mí y mi familia: el interés económico y la sed de venganza de un hombre al que no detendría ninguna ley. Al contrario, usaría todos sus recursos (legales e ilegales) para que otros ejecutaran sus deseos.

Esa noche supe lo que era el verdadero terror. Mis órganos palpitaron al pensar que ya era un hecho que iba a permanecer encerrada por un tiempo que no podía calcular. Empecé a sentir entre mis piernas unas chispas calientes y líquidas. Traté de contorsionar mi vientre, mi cuerpo, unir sus partes, pero el terremoto que sentía en las venas, en los huesos, en la piel, podía más que yo;

había doblegado mi voluntad. No pude contenerme, el miedo había anestesiado mi cuerpo. Las gotas se convirtieron en un manantial que llegó hasta mis botas… Una cascada efervescente y ardiente quemaba mi entrepierna, humedecía mis extremidades y mi ropa.

---

Caminé lo que me pareció un trecho interminable, decidida a sobrevivir a lo que fuera.

Cuando llegué hasta el edificio C, una custodia malencarada, como casi todas, me arrebató el papel que llevaba en las manos con mi nombre y la clave C 305. Miró mi entrepierna, mis pantalones mojados, hizo un gesto entre la burla y el asco, y me dijo que siguiera hasta al tercer piso.

—¡Súbase y ahí me espera!

Subí cabizbaja las escaleras y comencé a inspeccionar el techo, los conductos, los pasillos. Empecé a pensar que lo más probable es que me iba a tener que fugar de ahí, así que más valía ver por dónde podía hacerlo. Vi que en una esquina había una cámara y me dije: «Si me pongo de este lado no me ven y si me pongo acá, tampoco». Mi mente no paraba. Tenía que agotar todas las posibilidades.

Pasó media hora y la custodia no subía, así que yo bajé para ver qué estaba pasando.

—Oiga, llevo media hora allá arriba —le dije a la plácida custodia que parecía no hacer nada.

—Sí, y te vas a quedar lo que yo quiera —me respondió indolente.

—Por favor, lléveme a donde me corresponde, necesito llegar porque tengo ganas de ir al baño —le insistí.

Ella volvió a barrerme con la mirada, haciéndome saber que me observaba con desprecio, y que veía la ropa mojada.

—Aquí la que manda soy yo, y te esperas.

Me lo dijo de tal forma que me di cuenta de que no estaba yo en mi realidad y tuve que subirme de nueva cuenta. Esperé otra media hora y la custodia subió. Cuando me vio hizo una expresión de fingida sorpresa, como si se hubiera olvidado de mí y ahora aparecía frente a ella.

Entonces me condujo hasta la celda que sería mi hogar de ahora en adelante.

Llegamos por fin a la celda.

—¡Acuéstese ahí! —me gritó la custodia con enfado, señalando el interior de la celda, en plena noche, por donde se alcanzaba a filtrar una luz que nunca se apaga en los pasillos del edificio.

Dentro había siete mujeres que dormían.

—¿Dónde? —le pregunté examinando con la vista la celda con dos literas y la única cama individual ocupadas, y dos bultos sobre el piso que imaginé que eran otras dos mujeres cubiertas con cobijas.

—Donde pueda —respondió la mujer, como tratando de silenciar más preguntas para que la dejara seguir con su rutina.

—¡Pero no hay espacio!

—¡Ay, mamacita! ¿Crees que esto es un hotel? ¡Estás en la cárcel! —gritó, como si eso fuera una revelación para mí.

—Yo sé que no es un hotel, pero ¡¿tantas en el piso?!

Me acosté en el suelo tratando de hacer el menor ruido posible.

—Tranquila —me dijo en voz baja una mujer también acostada en el suelo, y me ofreció una de sus cobijas. Me dio mucha pena acostarme porque estaba mojada, me apenó el olor que le impregnaría, pero pensé: «Mañana veo cómo se la lavo». La puse sobre el piso de cemento duro y helado, y me acomodé sobre uno de mis costados, doblé los brazos para que el dorso de mis manos sirviera como un soporte entre mi cabeza y el suelo y me mantuve alerta.

Durante toda esa noche me repetí a manera de mantra: «No me van a romper el espíritu», que luego lo alterné con la frase: «No nos van a romper el espíritu».

# LA EXTORSIÓN

Después de que me dictaron el auto de formal prisión, mis hijos tuvieron noticias de Alejandro Gertz Manero a través de Fernando Díaz Castañares.

Mi hermana Laura, quien es mayor que yo, tiene dos hijas: Regina y Fernanda, ambas casadas. El esposo de Regina se llama Fernando Díaz Castañares y trabajaba como abogado en el sector financiero. Por su parte, el esposo de Fernanda es Alfredo del Mazo, el gobernador del Estado de México hasta finales del año 2023.

Mi hermana, por lo tanto, era suegra del gobernador Alfredo del Mazo y, de repente, durante los años de persecución de Gertz Manero, su nombre quedó misteriosamente fuera de la denuncia del fiscal. Cuando le pregunté a nuestro abogado O'Farril la razón, él me dijo que, de hecho, resultaba mejor, ya que así éramos menos personas y el caso se facilitaba. Lo tomé como algo positivo, jamás pensé lo que sucedería.

Como ya había dicho, Fernando Díaz Castañares, concuño de Alfredo del Mazo, se convirtió en el interlocutor final entre Gertz Manero y mis hijos. Mi hermana nunca habló con ellos mientras estuve en la cárcel, pero los esposos de sus hijas fueron los intermediarios del fiscal para mantenerme recluida, extorsionar a mi madre y aterrorizar a mis hijos.

Así, formaron una cadena de mensajes donde Gertz hablaba con Del Mazo, él con Díaz y este, a su vez, con mis hijos, a quienes les hizo saber lo que buscaba el fiscal.

Fernando les dijo que Alejandro quería que mi madre renunciara a la pensión mensual que había procurado Federico para ella en su testamento. Además, quería que le entregara la cuenta bancaria mancomunada y la serie de objetos que formaba parte de la acumulación de antigüedades de Federico y mi madre, de la que había hecho llegar un avalúo.

Se trataba de cientos de objetos de un inventario que tenía Federico desde hace más de 40 años. A todo lo que tenía en la casa, él solía tomarle foto y lo mandaba a valuar. En esa lista había muchas cosas pertenecientes a mi madre, pero Alejandro Gertz Manero mandó decir que lo quería todo: objetos de plata, cuadros, marfiles, esculturas, un Diego Rivera de pequeñas dimensiones, figuras de bronce, libros, relojes de pared enormes, tapetes, cientos de objetos de considerable valor.

A pesar de que eran sus pertenencias, mi madre dijo que se le entregaran todas a Alejandro.

Así que Alonso, Gonzalo y Ana Paula consiguieron cajas y plástico con burbujas para empacar cada cuadro y figura que exigía Alejandro. Fue una labor complicada porque los tapetes en casa de mi mamá tenían muebles encima, así que entre todos tuvieron que cargarlos y moverlos.

La entrega fue a través de mi sobrina Regina. Ella mandó a dos choferes en una camioneta negra Suburban a casa de mi mamá, en la que cargaron las cajas para hacer los envíos. De tal modo que llegaba la camioneta y la cargaban, hasta que los choferes concluyeron cuatro viajes con 30 cajas cada uno. Todos esos objetos fueron a casa de Regina y su esposo, porque mi sobrina, teníamos pensado, se las iba a entregar a Alfredo del Mazo y él, a su vez, se las iba a proporcionar a Gertz.

Según un avalúo, entre todos los objetos el botín de Alejandro Gertz Manero sumaría un valor de más de un millón de dólares.

Mi madre y mis hijos se sentían extorsionados. No estaban seguros de que con entregar eso yo fuera a salir de la cárcel, pero se les hizo creer que, si no entregaban lo solicitado, las cosas se iban a agravar para mí en el penal. Tenían miedo de que todos los miembros de la familia terminaran en prisión.

—Ana, si no cumplen, vas a acabar de vecina de tu mamá en Santa Martha —le dijo Fernando a mi hija.

—Fer, pero yo tampoco he hecho nada, no me pueden meter a la cárcel.

—¿No? Ya viste cuánto les importa. *This is Mexico, remember?* Junten todo rápido, porque también les puede inventar a tus hermanos delitos de delincuencia organizada y, entonces, ¿quién los va a visitar en Almoloya si tu mamá y tú ya están en el bote?

---

Esta cadena de mensajes entorpeció la comunicación, a tal grado que nuestro abogado de ese momento decidió visitar a Juan Ramos López, el titular de la Fiscalía Especializada de Control Competencial, la mano derecha de Alejandro durante muchos años. Mi mamá lo había visto en varias ocasiones, incluyendo en su propia casa, cuando su cuñado secuestró a Federico y lo llevó a morir al hospital.

En aquel tiempo, Fernando Díaz había estado muy insistente en WhatsApp escribiéndole a nuestro abogado sobre cómo debía llevar la defensa. Más que sugerencias eran instrucciones, que nunca supimos qué tan mal o bien intencionadas eran en realidad. Decidió bloquearlo e ir solo a la fiscalía para encontrarse directamente con Ramos.

Cuando llegó, bajaron a recibirlo y lo acompañaron para subir a la oficina personal de Juan Ramos. Ahí, sin intermediarios y con un tono que intentaba ser reconciliatorio, le dijo:

—Licenciado Ramos, los hermanos están muy intranquilos por el canal de comunicación que estableció el fiscal con Del Mazo, de tal modo, me piden que, por favor, les comunique al fiscal porque quieren hablar directamente con él.

—Qué raro lo que usted me cuenta porque el doctor Gertz jamás haría algo así —le dijo Juan Ramos con sarcasmo.

En ese momento sonó el teléfono rojo de la oficina. Ramos contestó.

—Sí, doctor, aquí está, muy bien, se lo paso…

Era Alejandro Gertz Manero.

Le extendió el teléfono al abogado, quien escuchó la voz fría de Alejandro, el cual volvió a la senda de la amenaza velada:

—Dígales a los muchachos que ellos saben lo que quiero que entreguen y, si no lo hacen, no pasa nada.

Esto último lo escuchó incrédulo nuestro abogado.

Tras la reunión con Ramos buscó a mis hijos y les comunicó todo lo ocurrido. Incluso les contó que había escuchado a Gertz lucido y apacible, tanto que le pareció a nuestro abogado que, si le dábamos el dinero, probablemente yo saldría rápido y sin tropiezos de la cárcel. Fue una ilusión, por supuesto.

Luego de ese encuentro, mis hijos y nuestro abogado volvieron a buscar a Juan Ramos. La comunicación seguía siendo incierta: la mediación entre Fernando Díaz y Del Mazo no era la más óptima.

Mi hijo Gonzalo cuenta que Ana Paula, el abogado y él llegaron a un edificio con una recepción concurrida. Bajó una mujer muy atenta por ellos y los condujo por el elevador a un piso impecable, con mesas de madera elegantes y unas cuantas personas trabajando. Después la mujer los condujo al fondo del piso y se separó un momento de ellos para acercarles una cajita de madera y decirles que dejaran ahí sus celulares; así lo hicieron. Solo entonces los llevó a una sala de juntas, contigua al despacho de Ramos.

Después de unos minutos, por otra puerta, apareció Juan Ramos con otra mujer que parecía ser su secretaria.

En esa junta Juan Ramos les dijo que ellos no tenían injerencia en ningún poder, que ellos eran independientes, y que, sobre todo, no habían tenido nada que ver con todo eso. Se intentaba lavar las manos, y para mostrase benevolente les decía:

—Propongan, propongan, propongan.

Era como si quisiera que mis hijos y el abogado dieran el primer paso.

Nuestro abogado tomó la palabra y le dijo que lo más sencillo sería que, con la apelación que estaba por venir, me dieran salida de Santa Martha.

Ramos, sin aceptar ni negar, siguió con su discurso de que ellos propusieran; era como si no quisiera decir nada. Parecía al asecho de información que pudiera serle de utilidad. A su vez, nuestro abogado, al percatarse de que no había diálogo, lo apeló diciendo que más bien él dijera qué podíamos hacer.

No se llegó a ningún lado.

---

Tras entregar toda la lista de objetos hubo un breve periodo de silencio e incertidumbre. Un día, cuando mi hija Ana Paula estaba desesperada por la falta de respuesta, llamó directamente a Gertz Manero para preguntarle qué podían hacer.

Hay un audio que se difundió en medios de prestigio y alcance nacional en donde se oye la voz del Fiscal General amenazando a mis hijos para que firmaran una carta incriminándose:

> *En su momento se los pediré por escrito, en donde cada uno de ustedes asuma la parte de responsabilidad directa o indirectamente. Si hay uno solo de tus hermanos que crea que es víctima, no hay nada de qué hablar, ¿eh?*

Esa exigencia y otras amenazas le soltó el fiscal a mi hija y le indicó que se comunicara con Juan Ramos López.

Para terminar de cumplir con las exigencias de Alejandro Gertz Manero, nuestro abogado redactó la carta en la que mi madre renunciaba a su pensión, y ese mismo día mis hijos la acompañaron al banco para sacar los fondos de la cuenta mancomunada que tenía con Federico. Con el cheque y la carta firmada, se reunieron de nuevo con Juan Ramos.

Llegaron al mismo lugar que la primera vez, pasaron por el mismo protocolo de seguridad, fueron llevados a la sala de juntas y esperaron.

Juan Ramos López se sentó en la cabecera de la mesa con su secretaria, quien llevaba una libreta y una pluma que no usó en toda la reunión. Mi hijo recuerda que, a diferencia de la reunión anterior, ahora se veía de pésimo humor.

—¿Dónde está el documento que les pidió el doctor? —comenzó Ramos.

Ana Paula y Gonzalo voltearon a verse como preguntándose a qué se refería, o si había pensado que de verdad llevarían una confesión para incriminarse a sí mismos de algo que no habían hecho. Una confesión exigida bajo extorsión y conmigo encerrada en Santa Martha.

—No sabíamos que teníamos que traer algo porque en la llamada Alejandro no nos pidió eso —le dijo Gonzalo.

—Ah, ¿tú estabas en la llamada? —reaccionó Juan Ramos, como atizado por un hierro al rojo vivo.

—No, no. Me lo contó mi hermana —le respondió.

Enseguida se notó que Ramos sí estaba esperando que se le entregara una confesión firmada, porque al enterarse de que no traían nada comenzó a hacer preguntas y comentarios capciosos, tratando de que cayeran en alguno de ellos.

Nuestro abogado les hizo un gesto con la cara a mis hijos, como indicándoles que era momento de salir de ahí, que todo había sido una trampa desde el inicio. Ellos captaron la urgencia por dar terminada la reunión. Le dieron las gracias a Ramos, se levantaron y sin esperar respuesta se dirigieron a la salida.

La reunión no duró más de 10 minutos.

---

Cuando Alejandro Gertz Manero extorsionó a mi madre y a mis hijos, ella tuvo que renunciar a la herencia, así que se vio impedida para sostener los gastos de la casa. En medio de las cajas de mudanza, de los cientos de libros y papeles que había acumulado Federico durante años, apareció un documento en el que se leía que había casi ocho millones de dólares en una cuenta bancaria del banco suizo Julius Baer, en una de sus sedes, en Panamá.

¿Cuántas cuentas en paraísos fiscales tenían los hermanos Gertz? Acaso ¿era esta otra de las razones por las que Alejandro decidió perpetrar esta injusticia? ¿Pensaba que mi madre tenía más información? ¿Habría otros estados de cuenta traspapelados?

# LUCHA POR LA SALUD

El día que me aprehendieron, el viernes 16 de octubre de 2020, no solo tenía que volver con nuestro nuevo abogado para llevarle las cajas de mi expediente con miles de hojas, sino que también, el lunes 19, tenía una segunda cita agendada con el dentista para terminar mi tratamiento de endodoncia.

Como si fuera una perforadora de esas que meten una barreta en la tierra, en la endodoncia se usan unos taladros superdelgados que perforan el diente tratado y van bajando y extrayendo el tejido del nervio. Como es un trabajo difícil de ver mientras se ejecuta, el endodoncista tiene que tomar una placa de rayos X, dos, tres y hasta cinco veces en este tipo de procedimiento, para estar seguro de que ha llegado a la raíz y ha extraído todo el nervio. Por lo complejo que es, dicho tratamiento no se acaba en un día, así que me dejaron una curación con el compromiso de continuar el lunes, pero eso no ocurrió. Esa tarde me ingresaron ilegalmente a Santa Martha Acatitla.

En cuanto supe que me iba a quedar más tiempo en la cárcel pregunté cómo podían atenderme la muela. Los servicios de salud en Santa Martha son malísimos, prácticamente inexistentes, y no había equipo ni rayos X; los médicos no parecen tener mucho interés en la salud de las enfermas y atender una endodoncia era más parecido a una mala broma. ¿Cómo iban a tomarse la molestia de salvarle una pieza dental a una interna? Nunca acabarían. Así que la única opción que me ofrecieron fue extraerme la pieza dental.

Pero incluso así, cuando la doctora me revisó, se dio cuenta de que el diente estaba junto a otro que es un implante, de modo que extraer la pieza tampoco era una opción porque podía afectarlo.

Me angustió la noticia de que me sacarían el diente, por la falta de equipo y de un especialista. Por tal motivo pensé que, si no había endodoncista, tal vez podían permitir que fuera mi médico para atenderme. Eso parecía completamente fuera de lo ordinario, por lo que me dijeron que tenía que meter un escrito. Para entonces ya contaba yo con un cuaderno donde escribía mi diario; ahora tenía que hacer un «escrito», hecho con tinta, a mano y en la hoja de un cuaderno, dirigido al «H. Consejo Técnico», que está integrado por las principales autoridades del penal de Santa Martha, desde los servicios de salud y actividades recreativas y culturales hasta la jefa de custodias y la directora del penal.

Presenté mi escrito y no obtuve respuesta.

Llevé otro documento y no pasó nada en varios días.

Después de presentar tres solicitudes y solo recibir silencio, pedí por escrito una audiencia para ir al H. Consejo.

---

Desde las nueve de la mañana salí de la celda para volver al Kilómetro, pasar en medio del laberinto de pasajes y llegar a donde los hijos de las presas suelen tomar clases de preescolar. En esos meses nadie iba a la escuela debido a la pandemia. Pero es en ese espacio donde los niños aprenden a leer y tienen su primer contacto social dentro de la cárcel.

Estuve sentada esperando horas, sin tomar café, sin beber agua, sin comer. La custodia a mi lado no permitía que fuera a la tienda que hay para las internas. Me dolía la cabeza.

Esperé pacientemente todo el día mientras recibían a las reclusas, la mayoría sentenciada, para discutir casos de pleitos, rencillas y sanciones que enfrentaban.

El color de la ropa ayuda a diferenciar a las internas bajo proceso de las que ya recibieron sentencia. Yo vestía de color beige, el cual ya odiaba desde antes de caer en la cárcel, pero quienes ya tenían sentencia vestían de azul marino.

Hasta caída la noche pude entrar a una especie de salón, con varias mesas acomodadas en medio círculo, donde sesionaba el H. Consejo. La custodia me dijo que mantuviera las manos detrás de la espalda en todo momento.

Me paré pegada a la pared, les expuse mi problema y me notificaron que ahí simplemente no se hacían endodoncias. Aun así, logré convencer al consejo para que autorizara una visita del especialista al penal. El siguiente reto fue que el médico aceptara venir.

Mi dentista no quiso ni siquiera escuchar sobre la posibilidad de ir a Santa Martha. Gracias a mi amiga Paty conseguí a otro especialista que sí aceptó acudir.

Me permitieron tomarme una placa en el penal de Tepepan, donde se concentran los servicios médicos. Así, el dentista comenzó a trabajar con ayuda de una herramienta parecida a una aspiradora portátil que sacaba impresiones de rayos X.

Tras un periplo largo e infernalmente burocrático, el doctor me hizo finalmente la endodoncia, pero después de rellenar los conductos era necesario restaurar la pieza con una incrustación para tapar lo que tuvieron que destruir de la muela, a modo de llegar a perforar hasta la raíz.

Sé que fui privilegiada en muchos sentidos, pero también sé que una endodoncia inconclusa o mal elaborada puede poner en riesgo la vida. Ese fue mi primer riesgo de salud en el penal y decidí hacer todo lo posible para no enfermarme.

El miedo a caer enferma en prisión es un temor persistente en todas las mujeres encarceladas. En un lugar donde la atención medica básica es nula o muy escasa, el más mínimo padecimiento sin atención puede convertirse en una crisis total con graves consecuencias. En Santa Martha no hay radiografías, ni médicos especialistas ni tecnologías medicas modernas en las que se pueda confiar. Se puede tener un dolor de muela, te puede punzar un riñón o puedes tener una fractura y, siempre, indistintamente, te recetan lo mismo: paracetamol.

En ese ambiente, cada tos, cada estornudo, cada punzada de dolor es una fuente de ansiedad. Existe un temor real de que cualquier dolencia pueda salirse de control y no haya curación posible. Pocos miedos tuve durante mi encarcelamiento, pero este sin duda fue uno que me seguía como una sombra al acecho: un recordatorio de la mortalidad y la precariedad de todas las personas en prisión.

Tras mi incidente con la muela sabía que, si me enfermaba, poco podría haberse hecho para ayudarme. No podía enfermarme. En un lugar donde se niegan las necesidades humanas más básicas, el miedo a cualquier dolencia es un recordatorio constante de lo vulnerables que somos y de que la muerte está siempre presente.

# LAS VISITAS Y LA APELACIÓN

La primera visita al penal de Santa Martha para verme la hizo Alonso. Fue él quien recibió el *shock* de verme ahí dentro, en ese lugar olvidado y terrible, encerrada en sus muros grises, y en vigilancia permanente por aquella torre que se alza como una lanza negra sobre el cielo. Él pasó por la experiencia de la «aduana»: la revisión de ropa, el manoseo para ver que no escondas nada y la corrupción del penal para ingresar víveres y ropa a tu familiar. Él les advirtió a Gonzalo y Ana Paula sobre la impresión del lugar y los previno de lo que les esperaba.

Ese primer día, tras los muros de la cárcel, después de abrazarnos nos fuimos al exterior, en donde podíamos platicar. Yo le llamaba «jardín», aunque no había flores ni pasto. Nos sentamos en la tierra. Ahí me enseñó algo que me salvó, aunque en ese momento no sabía que sería tan importante para mí; me dio una herramienta que me permitió permanecer en mi centro, lo más calmada posible, cuando todo alrededor era caos e incertidumbre. Y que posteriormente yo misma transmitiría a las mujeres del penal en sesiones guiadas también por mí.

—Te voy a enseñar una respiración *pranayama;* te ayudará a no enfermar, a estar tranquila y a sentirte bien —me dijo, y cerró los ojos.

Esas respiraciones me ayudaron todo el tiempo que estuve en la cárcel porque me permitieron controlar mi respiración, regularla, ser consciente de lo que pasaba dentro de mi cuerpo y enfocarme en ello. Alonso y yo acordamos que íbamos a hacer las respiraciones todos los días a las cinco de la tarde y que nos íbamos a acordar uno del otro, que íbamos a estar en sintonía, conectando nuestro corazón y nuestra alma.

Las hicimos los 527 días que estuve en Santa Martha. A las cinco de la tarde hacía mis respiraciones pensando en él, siempre diciendo: «Estoy contigo, haciendo lo que me enseñaste y sabiendo que esto nos va a hacer bien». Esas respiraciones, me explicó mi hijo en esa primera visita, «te fortalecen el sistema inmunológico», y en 17 meses nunca me enfermé de gripa ni de una tos, nunca tuve nada.

En el mundo de los encarcelados, las visitas familiares son una fuerza vital, una fuente de esperanza que te sostiene en los momentos más difíciles. Sin estas citas, el dolor sería agotador y la lucha por sobrevivir se volvería casi imposible. Tu familia y amigos, además de recordarte por qué estás luchando, son los únicos que pueden llevarte aquello que necesitas para sobrevivir en el hostil encarcelamiento: desde dinero y comida hasta jabón y papel de baño. Aunque nada podía compararse con las cartas…

Durante meses solo estuve autorizada para tener una única visita, y únicamente una vez a la semana. El resto de los días esperaba aquellas seis horas, que siempre eran insuficientes. Con la visita llegaban los presentes, la ayuda, y siempre el regalo de una comunicación fija a través de hojas.

Cuando terminaba la visita y regresaba desconsolada a la celda subía a mi litera y leía esas cartas una y otra vez. Las palabras, las anécdotas, las vivencias, me inspiraban. Las cartas de Alonso siempre hablaban de posibilidades; él tenía la certeza de que sería liberada, su convicción inquebrantable fue una luz que extinguía los fantasmas de las dudas que me atormentaban a diario.

Las cartas siempre llegaban como una ráfaga de viento, un influjo repentino de oxígeno al alma, con remitentes que nunca me dejaron sola y que me hacen sentir siempre gratitud cuando recuerdo sus palabras: Ana Paula, Alonso, Gonzalo, Paola, Manola, Pedro, Paty, Diana, Coco, Liliana, Ana Luisa, José, Jorge, Rocío, Tere,

Armando, Isabel y Flora. Gracias, porque cada sobre contenía dentro un salvavidas. Porque en lo más hondo de la impotencia, aquella comunicación tan personal se convirtió en una de mis fuentes de fortaleza.

---

Todas las personas que llegaron a visitarme con mucho cariño a la prisión conocieron la desgarradora experiencia de salir por un lugar que yo llamé la «Y»: cuando se entra como visitante a Santa Martha lo haces a una zona en la que puedes permanecer en el interior o el exterior, yo siempre prefería el «jardín» para platicar. Ahí pasábamos todo el tiempo permitido, poniéndonos al corriente sobre situaciones en casa, sobre mi situación legal, haciendo planes y promesas. Eran las mejores horas del día: momentos que anhelaba y recreaba siempre que terminaban, que deseaba extender lo más posible; solo esos instantes hacían retroceder un poco todo el dolor que nos estaba haciendo el odio de Gertz Manero. Pero esos momentos terminaban, nos teníamos que despedir con mucha pena, nos abrazábamos, nos tomábamos las manos y nos mirábamos profundamente, entonces dejábamos aquella zona y nos dirigíamos juntos a un pasillo, que tras algunos pasos se bifurcaba —era la «Y»—. Ese era el peor momento. Íbamos caminando juntos y en ese lugar teníamos que volver a separarnos:

a la derecha, la salida, la ciudad y el regreso a casa; a la izquierda, el encierro de nuevo, la privación de mi libertad, la desolación de separarme de mis seres queridos por una fuerza terrible.

Nada en la vida te prepara para ese momento, ni para el siguiente que volverá. En todas las veces que pasé por ese lugar y tenía que separarme, en todas, sentí que mi corazón se rompía en dos. Y todas las personas que también vivieron esa experiencia me contaron que sentían la misma tristeza y desolación al traspasar esa división.

Aunque tal pesar siempre era menor a la alegría de ver a mis seres queridos, en aquel lugar olvidado por la justicia, dispuestos a darme su tiempo, su total atención y todo su cariño.

---

Durante los primeros meses de mi encierro, las únicas personas autorizadas para visitarme fueron mis hijos. En esos días nuestra apelación estaba siendo evaluada.

Todas las personas a mi alrededor estaban seguras de que ganaríamos la apelación y yo saldría; daban por hecho que el magistrado Octavio Israel Ceballos Orozco, al tener un mayor rango que la jueza que me dictó auto de formal prisión, y por su amplia trayectoria, jamás aceptaría cometer otro delito en mi contra a nombre del fiscal general. Pero así fue: negaron sin fundamentos la apelación e, incluso, agregaron más delitos sin ninguna evidencia.

El impacto de esta noticia me sacudió como un golpe físico. A mi alrededor también hubo reacciones de incredulidad, enojo y lágrimas. A mí me invadió una profunda sensación de angustia. Era un sentimiento de estar atrapada en una situación sobre la que no tenía control. Esta resolución nefasta implicaba que yo tendría que pasar al menos otros seis meses en la cárcel.

Cuando me condujeron de regreso a la celda, tras conocer la noticia de la negativa, sentí un vacío profundo. Un instante antes pensaba que estaría de nuevo con mis hijos y de regreso en casa. Durante días fui incapaz de sacudirme el desasosiego. Las paredes se hicieron más gruesas, me sentí más aislada, era como si la celda se hubiera convertido en una prisión dentro de una prisión. Tuve que encontrar fuerzas en mi interior para recomponerme. Mi única opción de sobrevivir era seguir avanzando; era mantener mi espíritu intacto.

Tras la negación de la apelación, mis hijos y nuestro abogado decidieron buscar amparos indirectos para mí y mi madre.

Ambos amparos quedaron en la mesa de Patricia Marcela Díez Cerda, jueza 5.° del Distrito de Amparo en Materia Penal. Se tenían que buscar todas las posibilidades y agotar cada oportunidad por más lejana que fuera. Incluso mis hijos hicieron protestas constantes. Una de las más difundidas, grabada por la reportera Leti Robles de la Rosa, fue una protagonizada por mi hijo Gonzalo afuera del Senado a finales de agosto, donde gritó hasta desgañitarse clamando por justicia para mí y mi madre.

Nuestra sorpresa fue muy grande y nos llenó de esperanzas cuando la jueza —contrario a lo que se estaba haciendo en lo relativo a todo el caso, en el que parecía que todos decidían rápido y como empujados por una fuerza más grande a ellos, que hacía que dijeran que sí a todo lo que disponían desde la Fiscalía General de la República— nos concedió ambos amparos.

Fue oxígeno puro. Un hecho que partió el caso en dos y nos hizo vislumbrar una oportunidad de dar fin a la pesadilla.

Hasta hoy no sabemos si la jueza simplemente se dio el tiempo de escuchar y analizar el caso, apreciando la línea de los hechos que describía nuestra inocencia y el atropello que estábamos viviendo. O si hubo otra fuerza detrás de su decisión, acaso, la intuición de que este caso era más grande que cualesquiera de sus involucrados y por lo mismo tendría grandes repercusiones a futuro en sus carreras. Ambos amparos fueron ganados a principios de septiembre de 2021. La reacción no tardó en llegar.

A finales del mes Alejandro Gertz Manero, a través de su fiscalía, impugnó los amparos. Algo que era ilegal ya que, al ser un asunto penal local, no se relaciona con los intereses de la nación. Parecía que en su reacción había una respuesta sorda y terrible que parecía gritar: «¡El Estado soy yo!».

---

Otra decisión fundamental que tomé con mis hijos fue hacer público nuestro caso, a pesar de los riesgos y las amenazas que representaría denunciar al Fiscal General de la República y de que hacerlo los expondría aún más. Cuando le dieron la evidencia del atropello que estábamos viviendo al periódico *El País*, sabían que se contactaría con Alejandro Gertz Manero para darle derecho de réplica, lo que detonaría su furia en cuanto se enterara de que mis hijos tenían una grabación en donde se le escuchaba cómo exigía que ellos se incriminaran por un delito que no existe, mientras yo seguía como rehén en Santa Martha.

Por seguridad, mis hijos tuvieron que salir del país. En un principio el periodista de la nota en *El País* les comentó que el primer artículo sobre nuestro caso saldría a los pocos días de su partida. De esa manera terminaron siendo seis semanas en las que no tuve ninguna visita. Aquel periodo de ausencias lo sentí como una muerte lenta y constante. Los días pasaron lentamente, cada uno más largo que el anterior; yo trataba de mantenerme ocupada desde que abrían la celda hasta que pasaban lista para poder irme a dormir. Leía sin parar, escribía hasta que la pluma se quedaba sin tinta, me ejercitaba, redactaba oficios para las autoridades de la cárcel con el fin de mejorar todo lo que se me iba ocurriendo, como las letrinas y demás, pero en todo momento al centro de mis actividades estaba la ausencia de mis hijos.

Tras el maremoto de hacer público el caso, mis hijos pudieron regresar al país, y con ellos las visitas se reanudaron. Al volver a verlos sentí como si una descarga eléctrica me devolviera a dar la vitalidad y templanza necesarias para mantenerme a flote. Volvía a vivir.

Este periodo de ausencia, de soledad completa, fue el duro recordatorio que implica estar encerrada: el aislamiento total, la separación de todo cariño, el frío del abandono. Mis hijos volvieron. Sin embargo, la mayoría de las mujeres presas —muchas también olvidadas por el sistema de justicia que no antecede por sus casos— terminan siendo abandonadas por su familia y sus amistades.

# LOS MOTIVOS DETRÁS DE LA DEMANDA

Desde 2012, cuando supo que su hermano tenía una salud frágil, Alejandro Gertz Manero comenzó a diseñar su plan. Primero hizo que Federico cambiara su testamento para que dejara todos sus bienes en favor de él y de sus tres hijas.

Federico lo hizo y además le advirtió a mi madre que solo le dejaría la pensión y que Alejandro se encargaría de dársela mensualmente.

Cuando la salud de Federico comenzó a debilitarse, su hermano, un hombre con ojos desorbitados y la piel del rostro restirada, se obsesionó con tenerlo bajo su custodia. Lo que estaba en juego no era la herencia familiar de los Gertz, sino una fortuna, probablemente producto de enriquecimiento ilícito.

Solo así podría explicarse cómo es que Alejandro y Federico aparecieron en la investigación periodística internacional *Paradise Papers*,[1] en la que Alejandro figura como vicepresidente de Jano Ltd., una empresa constituida en las Islas Caimán, pero que tenía registrada una dirección de envío postal en San Antonio, Estados Unidos. En esa misma empresa aparece Federico como presidente y director.

---

Esto es lo que dice la investigación periodística sobre *Paradise Papers* sobre Alejandro Gertz Manero, realizada por el Consorcio Internacional de Periodistas de Investigación (ICIJ), que exhibió a políticos, deportistas, empresarios y personalidades de todo el mundo con millones de dólares en paraísos fiscales bajo el nombre de empresas fachada:

> Gertz fue vicepresidente de Jano Ltd., una empresa de inversión personal constituida en las Islas Caimán con «fines fiscales», según los registros de Appleby. Fue designado en febrero de 1998, unos meses antes de ser nombrado jefe de Policía de la Ciudad de México. Su difunto hermano Federico, contador y economista, era el presidente y beneficiario final de Jano.

---

[1] https://offshoreleaks.icij.org/stories/alejandro-gertz-manero.

> La empresa se convirtió en cliente de Appleby, en 2006, después de que el bufete de abogados comprara el negocio de administración de empresas y fideicomisos de Ansbacher, un banco de las Islas Caimán y exagente de Jano. En el momento de la transferencia, Jano se consideraba una empresa «rentable», pero «no había documentación sobre [su] fuente de fondos» y la debida diligencia con los clientes no era adecuada, según un memorando interno.
>
> Appleby retiró sus servicios en 2008, luego de intentos fallidos de obtener algunos documentos de transferencia. La empresa cerró en 2009, según el registro de las Islas Caimán.

En medio de nombres de decenas de personalidades, principalmente políticos que habían ejercido cargos públicos, bajo sospechas de corrupción, estaba el nombre de Alejandro Gertz Manero. Como respuesta a los cuestionamientos del equipo de investigadores, Gertz le dijo al semanario *Proceso* que él no sabía de la existencia de la empresa Jano y mintió argumentando que su hermano era quien administraba la fortuna de la familia. Desde entonces involucró a mi mamá y señaló que Federico pudo haber creado la empresa nombrándolo a él y a su esposa como oficiales porque confiaba en ellos.

«Nunca he estado involucrado en la gestión de una empresa de este tipo», le dijo Alejandro a *Proceso*. «Él nunca me habló de eso». Una aseveración dudosa y con profundas sospechas de ser una mentira. No había manera de que no supiera lo que estaba pasando en esos paraísos fiscales cuando él era el vicepresidente de la empresa.

Durante toda su vida Federico no fue capaz de disfrutar de la fortuna que tenía, no le interesaba, su vida eran los libros y los perros.

Alejandro Gertz Manero le dijo a *Proceso* en 2017 que tenía la intención de investigar más a fondo el estado de la empresa y sus activos porque podía tener implicaciones para la herencia que su hermano le dejó a su familia. Para entonces, ya tenía dos años su persecución en contra de mi madre y mía, y estábamos a solo un año de las elecciones presidenciales en las que el gobierno de Enrique Peña Nieto se desmoronaba, lo que impulsó mucho la candidatura de Andrés Manuel López Obrador. Candidatura que, no sobra recordar, fue apoyada fuertemente por Alejandro.

Bajo esta luz, pareciera que mi persecución, arresto y la extorsión a mi familia fueran el mal necesario a pagar para recuperar el control de esa empresa; y más que de esta, de los beneficios económicos de tal paraíso fiscal.

¿Cuál era el fin de ese dinero? ¿Para qué se necesitaba con tanta urgencia si parecía que ninguno de los hermanos lo requería ni lo utilizaba? ¿Era algo más? Tal vez, ¿apoyar una nueva candidatura presidencial? La sola sospecha me hace temblar.

---

Gracias a su propio patrimonio, mi madre sostuvo durante años una buena parte de sus propios gastos. Cuando estaban inaugurando el Metro, en la administración de Gustavo Díaz Ordaz, un amigo de mi madre de la infancia le dijo que había una oportunidad de abrir un negocio en un gran proyecto del gobierno.

El asunto era iniciar un negocio de comida en la concurrida estación del metro Pino Suárez, por donde pasaban miles de personas diariamente. A sus 40 años, mi madre comenzó a trabajar por primera vez. Aunque mi padre le había dado una casa para vivir, ella procuró su propia autonomía. Mi mamá lo único que había hecho era cuidar niños hasta que nos fuimos a estudiar o nos casamos; esa oportunidad la convirtió en una emprendedora.

Mi madre era muy buena administrando y el negocio se fue para arriba como la espuma. Empezó a ganar dinero, adquiría lo que quería y hasta terminó manteniendo a mi hermano Pepe, que se dedicaba a jugar tenis y, según él, a invertir en la bolsa de valores, pero el dinero que metía, lo perdía, por lo que mi mamá no solo se hizo cargo de los caprichos de mi hermano, sino también de las tres hijas de este. Entre ellas, Gabriela Cuevas Barrón, que desde muy joven ha ocupado distintos puestos políticos en el gobierno y que, durante todo este proceso, nunca le habló ni visitó a su abuela, que más que esa función, ocupó la de una madre. Me parece incomprensible, pero sobre todo trágica la ingratitud y la falta de corazón.

Cuando mi mamá tuvo la visión del negocio y como sabía que Federico tenía varios edificios en el Centro Histórico, le dijo que en uno de ellos podían poner otro local de comida. Federico, en lugar de ceder ese espacio, le advirtió que, de existir ganancias, la mitad le correspondía a él por concepto de renta.

Todo esto es para explicar que, de parte de Federico, mi madre nunca recibió grandes cosas porque ella fue capaz de construir su propio patrimonio.

---

A la muerte de Federico, su hermano sabía que mi madre tenía posibilidades de impugnar ese testamento, luego de haber sido pareja por más de 60 años, por eso parece que decidió lanzar la ofensiva en contra de ella y mía, sabiendo que yo era la más cercana a mi madre y que podía apoyarla.

Esa es la única explicación a la que hemos llegado después del encarcelamiento, la extorsión, el saqueo, el robo y las amenazas que enfrentamos mis hijos, mi madre y yo.

# CIUDAD DEL RUIDO

Santa Martha Acatitla era la ciudad del ruido; así la llamaba yo. A diario, no menos de 1 400 mujeres desataban dentro del reclusorio un carnaval delirante: las golpizas, las clases de baile, las relaciones sentimentales, las drogas, los gritos, el amor, la lealtad que desemboca en traición.

Conocí el sufrimiento tatuado de cada historia sobre las mujeres convertidas en esquirlas, hacinadas junto a mí, en una ciudadela tapizada de barrotes oxidados, fundidos en las entrañas de las mujeres invisibles que al entrar a este lugar mutan a fantasmas. Una ciudad donde fluía sin descanso una red de comercio, que brindaba oportunidades para subsistir la miseria; así las reclusas se convertían en mercaderes de comida, dulces, ropa, armas, drogas y artefactos electrónicos, desde un celular y una televisión hasta las anheladas resistencias para calentar el agua, que alejarían los latigazos del helado líquido que te flagelaba la piel.

Aquel laberinto octagonal sobrevivía gracias a una resistente cadena de economía informal, en la que había espacio para quienes prestaban servicios de comida a la celda, limpieza o lavandería; incluso se ofrecía terapia a parejas; había pastillas para dormir, dormir todo el día, toda la noche, y piedra, para despegar del sufrimiento en bocanadas de humo.

A diario, muchas mujeres se buscaban rezándole a la Santa Muerte, en lecturas de tarot y de adivinación del futuro. Este último, un servicio de alta demanda por las internas sin sentencia, aquellos espectros vestidos de color beige que deambulan de por vida en la agonía del sistema judicial mexicano. Datos revelan que 70% de las personas en prisión preventiva, es decir, personas que no han sido sentenciadas, son pobres y no tienen cómo defenderse legalmente.

La pandemia de COVID-19 afectó todos los aspectos de la vida. El sistema de justica no fue la excepción, aunque lo empeoró. Fui encarcelada en el punto más peligroso de aquella calamidad sanitaria que asoló al mundo. El cierre de los tribunales y la suspensión de los procedimientos dejaron a toda la población penitenciaria de México en un desolador limbo.

La incertidumbre de no saber cuándo abrirían los tribunales y reanudarían las audiencias causó una inmensa impotencia en quienes estábamos encarcelados.

El costo, físico, mental y emocional de esa inseguridad tenía un efecto de desgaste permanente; cada segundo en la cárcel la herida era más lacerante, cada día era una vida entera.

A diferencia de muchos países, México decidió no utilizar las herramientas tecnológicas como las videoconferencias para seguir con los procesos judiciales. Parece que para las autoridades la pandemia fue un puente vacacional: una pausa que afectó a miles de personas alrededor del país y a todas sus familias que vivían su propio infierno. El desprecio a la población penitenciaria es permanente, desde los altos mandos hasta cada uno de los burócratas que se tardaban en responder cualquier escrito.

---

La actividad no cesaba nunca en el penal y el bullicio tampoco. Ese rugido desequilibrado indicaba que todo estaba en orden, que todas las piezas se alineaban para hacer posible la supervivencia dentro de esta bestia de concreto, con muros, rejas y alambres con más púas, acaso, que un campo de concentración nazi.

Trescientas personas son encarceladas al día, según datos del INEGI, y todas ellas piensan, anhelan y sueñan que algún día serán libres. Sin embargo, la realidad las fulmina, como el relámpago al aire, y terminan siendo abandonadas por sus familias, por los abogados de oficio, navegando en un sistema podrido, corrupto, arcaico, con plazos medievales, que termina sepultando almas en vida en la cárcel.

En la ciudad del ruido pasaba lo inimaginable.

En todo el tiempo que pasé encerrada, nunca pude acostumbrarme al sonido de las cadenas y candados oxidados. La piel de gallina era una constante, sobre todo cuando las custodias hacían su «rondín» a las tres de la mañana, algo que parecía divertirles. Irrumpían en nuestras celdas con violencia, gritaban y tiraban todo al suelo inspeccionando cada rincón, buscando objetos prohibidos, desde un celular hasta un cuchillo. Dejaban las celdas como si hubiera pasado un huracán, pero ese desorden era el menor de mis preocupaciones. Cuando se iban las custodias, casi todas las mujeres nos quedábamos con un sentimiento de estar expuestas a los desplantes de quienes, en lugar de procurar el orden y el cuidado, gozaban aterrándonos y haciéndonos la vida imposible.

A los pocos días de que el Estado mexicano me convirtiera en un objeto sin libre albedrío, comencé a escribir anécdotas, vivencias, pensamientos, datos, historias, a hacer dibujos que se fueron tatuando no solo en mi memoria sino en la tinta azul que se diluía a la velocidad de la vida de las reclusas olvidadas de Santa Martha.

---

No me gusta dar tantos detalles sobre los momentos difíciles en Santa Martha, pero claro que los hubo y muchos. Entre ellos, uno de los más humillantes fue cuando me ficharon.

Vinieron por mí y me dijeron que iríamos al «antro». Así le decían al lugar donde, como en las películas de criminales y asesinos, te toman las fotografías con flash, con tu nombre y con una retícula de fondo. De frente y perfil, con un número para identificar tu caso.

Mientras sentía el flash en el rostro, pensaba en que estaba ahí por la venganza de un hombre que lejos de responsabilizarse por sus actos, parecía que lo habían premiado al volverlo Fiscal General de la República; y eso le había dado más poder aún. Más libertad para usar el sistema de justicia a su comodidad y capricho. Para tratar como criminales a gente inocente como yo. Si yo estaba ahí, siendo fotografiada, era debido a una incongruencia del Estado mexicano: en lugar de defender a sus ciudadanos los volvía carne de cañón para intereses políticos y personales.

Luego de las fotografías, me llevaron a «tocar el piano»; que es el momento en el que te toman las huellas de las manos.

Al regresar a mi celda sentí humillación, pero también rabia. Quise gritar. Que se me escuchara, pero desde la cárcel, los gritos son aullidos mudos, ahogados de dolor por la impotencia.

---

A los dos meses de haber llegado, en la llamada cotidiana que hacía a mis hijos cada día, Gonzalo y Ana Paula me dieron la mala noticia de que mi madre se había roto el fémur en un accidente en casa y la tenían que operar. Lamentaba no estar a su lado para cuidar de su salud; además, los gastos de la familia no paraban.

Ana Paula me explicó que los médicos pensaron que, a sus 93 años, lo mejor para mi mamá era aplicar una anestesia local y esperaban que la cirugía fuese de bajo riesgo. Yo le daba seguimiento a la salud de mi mamá llamando a mis hijos todos los días. Le marcaba al celular a Gonzalo a una hora que acordamos previamente y él me enlazaba con Alonso y Ana Paula, para saber las novedades del día.

En Santa Martha es posible llamar al exterior, pero no puedes recibir llamadas, somos cientos de mujeres y solo hay unos cuantos teléfonos que funcionan. Son esos aparatos que llenaron las calles de la Ciudad de México y que funcionaban con una tarjeta de Teléfonos de México. Para hablar por teléfono hay que hacer fila. Yo iba, pacientemente, cargando la cubeta donde solía calentar el agua con la que me bañaba, le ponía un cojín encima y esperaba a que fuese mi turno para hablar.

El día que iban a operar a mi madre, mi hija Ana Paula me explicó que los médicos habían intentado aplicarle la epidural, pero cuando lo intentaron, se dieron cuenta de que sus vértebras estaban demasiado contraídas y no había espacio para insertar la aguja hasta la médula, así que irían por la anestesia general.

¿Anestesia general a los 93 años? No reaccioné en ese momento para no oscurecer más el ánimo de Ana Paula, Gonzalo y Alonso, pero sabía que eso representaba un riesgo inmenso.

Mis hijos trataron de consolarme. No dudaban de que ellos me iban a liberar de la cárcel, pero de lo que no estaban seguros era de que su abuela fuera a vivir lo suficiente para verme en libertad.

—Te vamos a sacar —me dijo muy convencido Gonzalo—, de lo que no estamos seguros es de que encuentres a mi Yaya viva.

La simple idea de no volver a ver a mi madre hacía que se me apachurrara el corazón.

Con esas palabras resonando en mi alma me fui a acostar esa noche, dispuesta a dejar todo en manos del universo. Era claro que yo no controlaba absolutamente nada, salvo la forma en que tomaba cada circunstancia en mi vida. Esa noche me dormí pensando que la vida de mi madre estaba en manos de alguien con mucho más poder que yo.

A la mañana siguiente me despertó el candadazo. Azotaron la reja de metal y yo salté de mi «changuera»; me lavé los dientes, pasé lista y lo primero que hice en cuanto di mi nombre y número de estancia fue correr por las escaleras hacia abajo para llegar a los teléfonos del comedor.

Afortunadamente, casi no había internas formadas, llevaba mi tarjeta, la inserté y presioné cada uno de los botones de metal del número de Gonzalo.

Los segundos se me hacían eternos para que entrara la llamada.

—¿Bueno? Hola, mamá.

— Hola, mi amor, ¿cómo salió todo? ¿Cómo está tu Yaya?

—Todo bien, mamá. Mi Yaya salió bien de la operación —me dijo con un tono tan calmado que me tranquilizó.

Eso era todo lo que necesitaba oír.

Le exigí más detalles y comenzó a platicarme todo.

Gonzalo me contó que mi madre había salido muy bien, y me relató algo que me parece incomprensible: cuando salió de la cirugía, dijo que había estado a punto de irse. Entonces me imaginé el rostro de mi madre, con sus ojos profundos mirándome. Les contó a mis hijos que mientras estuvo inconsciente vio una luz, como esa que refieren muchos testimonios de quienes han estado cerca de la muerte. Mi madre se acercó a esa luz, pero en lugar del final del camino, la que estaba ahí era yo. Ella asegura que yo le pedí que por favor me esperara, que no era tiempo todavía.

Me sentí conmovida por el relato, pero siempre traté de mostrar fuerza y confianza con el fin de que mis hijos tuvieran la misma energía para seguir adelante. Ahora vivo otro tipo de separación con mi madre, la del exilio. Mientras Alejandro Gertz Manero siga obsesionado con nosotras, no puedo volver a mi país para estar con ella. Fue una decisión que tomamos para cuidar de nuestra vida.

---

Durante los dos primeros meses no leí un solo libro, solía escribir mi diario en los cuadernos. Pero en las noches no hice absolutamente nada más que reírme. Regresaba a mi estancia a las 7:30 p. m., me paraba en el pasillo como decenas de internas para el pase de lista y yo gritaba: «¡Cuevas Morán C 305!», antes de meterme de regreso a la hacinada celda.

Cuando había pasado ese absurdo baile de cada noche, Amelia, mi mejor amiga de la estancia, otra interna y yo nos sentábamos a decir puras bobadas y a reír hasta entrada la noche. Yo le llamaba «la hora del payaso».

A las otras cinco inquilinas, cada una en su cama, no les gustaba mucho el escándalo que hacíamos con nuestras voces y risas; una de ellas se desesperaba y le subía el volumen a la tele, que no compartía con nadie porque colgaba una cobija de su litera para hacer una casita y verla ella solamente, como en una cabina privada.

Para nosotros era tenso escuchar el sonido de la tele y para las demás era molesto estar escuchando a tres idiotas riéndose. La otra presa tejía y no se metía con nadie, y las otras dos ni hablaban ni decían nada.

Nos reíamos de todo y de nada. Yo les decía: «Miren, todas vamos a salir, tienen que entenderlo, aunque no sabemos cuándo», y soltábamos la carcajada como si nos hubieran dado un estimulante. Nos reíamos de las circunstancias o hablábamos de las otras internas: «¿Viste a la que salió con los pelos parados?». Eran puras tonterías.

Algo de lo que nos reímos por mucho tiempo fue del día en que les dije que conmigo no iban a tener ningún problema en la estancia C 305. Todo mundo se lo creyó, hasta yo. Pero sí hubo problemas.

Al día siguiente de mi llegada a la estancia, escuché que gritaban desde la planta baja:

—¡Cueeeeeeevas Mooooorááááááán!

Era un llamado de la dirección para darme un colchón, que mis hijos habían conseguido en el mercado negro de la cárcel.

En el penal no había colchones tradicionales ni nada que tuviera resortes o los asemejara. La razón: seguridad; un resorte puede ser un arma por sí mismo, o puede modificarse y afilarse muy fácilmente para obtener un instrumento punzocortante. El colchón permitido era hule espuma recubierto; aun así, era suficiente para mitigar un poco el frío, para sentir una diferencia al recostarse.

Cuando regresé de la planta baja a mi estancia venía cargando mi colchón como si fuera un árbol de Navidad feliz y lo puse en el piso. Las que estaban adentro de la estancia se miraron unas a otras y nadie entendía por qué yo tenía uno a los pocos días de haber llegado.

Traté de convencerlas de que era una concesión debido a mi edad porque tenía padecimientos en la espalda, pero eso no se lo creyeron porque en el penal hay gente con una salud mucho más frágil que la mía y con ellas no tienen esas consideraciones.

Las otras internas comenzaron a preguntarse quién era yo, además de tener un fenotipo diferente al promedio dentro del penal: piel más blanca, pelo rubio y las uñas arregladas, así que comenzaron a hacer preguntas y a marcar su territorio.

La sospecha era tal que hasta mi amiga Amelia imaginó que yo era algo más que una mujer injustamente detenida, como muchas en Santa Martha. Un día en el comedor me interrogó al respecto:

—Me tienes que decir tú quién eres —me exigió con su mirada infantil.

—¿Cómo que yo quién soy?

—Yo estoy segura de que tú no eres de este medio.

—¿Por qué lo notas?

—Por cómo te mueves, cómo caminas, tus manos, tus expresiones, tú no eres delincuente. Tú eres un gallo pesado, o eres una infiltrada…

Así, de repente, Amelia construyó la idea de que yo era alguien más que una persona injustamente encarcelada por un hombre con un poder desmedido como Alejandro Gertz Manero.

—No, Amelia. Yo no soy un gallo pesado —le insistí mientras comíamos unos tacos en el comedor, pero nunca le quité de la mente esa idea.

—Bueno, voy a hacerme amiga de una infiltrada —dijo resignada antes de pegar la última mordida a su taco y sacudió las manos frente a mí con la barbilla en alto.

---

Amelia y yo dormíamos en el piso, bueno, yo en mi colchón, pero las otras internas tenían el tino de trapear cada mañana y nos hacían levantarnos mucho más temprano que al resto. Empezaban a echar agua a las siete de la mañana en el suelo y no nos quedaba otra opción que pararnos.

Una de ellas, de muy mal carácter, me dijo que era el único momento del día en que se podía trapear porque a esa hora llegaba el agua a Santa Martha. Le dije que entonces almacenaran agua en cubetas para que tuvieran agua disponible a otra hora del día y no cuando estábamos durmiendo.

Amelia me advirtió entonces que debía tener cuidado porque por mi forma de ser me querían sacar de la estancia. No era la única que lo pensaba. Las custodias del edificio y algunas internas se dieron cuenta de que estaba teniendo problemas; unas me querían convencer de irme a la planta baja, donde estaban las personas que no podían subir las escaleras por alguna limitación física.

Romina, una interna que estaba acusada de homicidio y que era muy amable conmigo, me invitó a mudarme a su estancia, pero Amelia me advirtió que yo no iba a estar contenta porque su celda siempre estaba repleta de visitas.

Yo les expliqué a las autoridades que estaba muy contenta en esa estancia, principalmente porque ya había hecho amigas, prefería mi amistad con Amelia y así evitar conflictos con las demás. Pero el conflicto fue inevitable: un día una de ellas recibió sentencia y la iban a transferir al área de Población, donde están las internas uniformadas de azul. Se la llevaron, y para mí fue de lo más normal del mundo agarrar mi colchón y subirlo a la estructura de la cama que ella había desocupado.

Al día siguiente la mujer entró a la estancia, me encontró ahí y me echó de gritos cuestionándome quién era yo para agarrar su cama.

—A ver, no entiendo, tú ya te fuiste a Población y ya te cambiaron, tú ya te vas a ir.

—¡Ni madres! Yo ya pagué un amparo y en unos días regreso y ¡quiero mi cama! —me advirtió.

—Pues qué pena me da tu caso porque no me voy a bajar de aquí. Tú estás amparada por la estancia, no estás amparada por la cama. Así que no me voy a mover y ¡hazle como quieras!

—Cuando regrese, vas a ver, cabrona.

—Cuando regreses, aquí te espero, pero mientras me duermo aquí —rematé.

¿De dónde me salió lo bravucona? No sé, pero sabía que, si me achicaba frente a esas mujeres y en ese contexto, me iban a agarrar de su puerquito todo el tiempo y yo tenía que demostrar coraje.

Ahí sí empezó a haber tensión porque las demás no entendían cómo era que yo, nueva, güerita, madura, le hubiera hablado así a una de las más peleoneras.

A los pocos días la interna obtuvo su amparo y regresó a donde estábamos las que nos manteníamos en uniforme beige y sin sentencia dictada. Yo estaba recostada en la cama leyendo cuando me gritó:

—¡Te me bajas de la cama!

—No —le contesté, decidida a defender mi lugar.

—Así —dijo tronando los dedos—, me quitas tus cosas de la repisa.

—Así —dije tronando los dedos—, te callas, porque no te bajo nada.

—Pues voy por la custodia.

—Tráeme al presidente de la República, y a ver de a cómo nos toca.

Se salió de la estancia apretando los puños y en cuestión de horas la custodia me dijo que tenía que cambiarme. Era miércoles de «remesa», cuando suelen hacer transferencia de internas de un área a otra y me sacaron de la C 305.

Cuando llegué al nuevo espacio asignado, la C 301, había dos mujeres mayores, tía y sobrina, quienes estaban presas por, supuestamente, haber intentado apropiarse de la casa en la que ambas trabajaban. Cuando la propietaria murió, empezó el pleito del hijo con mis compañeras. Pasaría mucho tiempo antes de que yo fuera objeto de su afecto.

En las noches dejé de reírme con mis amigas. Era momento de empezar a leer. Amelia se quedó en la estancia original, pero me iba a ver para organizar el desayuno, iba por la comida y la calentaba.

El mismo día que llegué a esa estancia se integró otra interna con sobrepeso, que hablaba hasta por los codos. Estaba acusada por el delito de secuestro; su esposo, condenado a 125 años de prisión, le dijo al ministerio público que su esposa lo ayudaba alimentando y cuidando a las personas que secuestraban.

Al principio les dije también a ellas que conmigo no iban a tener problemas. Y Amelia se reía diciéndome:

—Sí, claro, diles que no van a tener problemas como nos pasó con las de la otra estancia.

Me costó meses hacerme amiga de ellas. Después descubrí que la que había llegado conmigo era una mujer muy problemática y, sobre todo, muy chismosa: les dijo que ella tenía conectes en otras partes del sistema penitenciario y que le habían informado que, efectivamente, yo había cometido un homicidio y cosas terribles acerca de mi madre.

El día que tía y sobrina recuperaron su libertad me confesaron que habían escuchado, durante meses, muchos chismes por parte de la otra interna y que por eso no confiaban en mí, pero con el tiempo y al ver mis actitudes se dieron cuenta de que eran mentiras.

—La vida nos hizo ver que usted no era la persona que nos dijeron que era. Todo lo que vamos a dejar, queremos que lo tenga usted, me dijo la sobrina.

Y eso incluía su preciada sarteneta.

Las sartenetas están prohibidas en las estancias del penal de Santa Martha porque jalan tal cantidad de electricidad, que, si se conectan suficientes, pueden crear una falla en el obsoleto sistema eléctrico que hay. Las autoridades decidieron prohibirlas un día, aun cuando eran la única opción para cocinar o calentar la comida en la estancia. La otra es comer «rancho»: la comida que ofrece el penal. La nueva disposición sobre las sartenetas dejó exentas a las que ya estaban dentro del penal y podían conservarlas, pero era imposible meter una nueva, por eso eran tan preciadas.

Cuando se fueron las extrañé mucho porque, al llegar a la estancia, ellas me hacían sentir como en una casa. Aun así, yo tenía mi mente y mi corazón en mi verdadera casa fuera del penal, con mis hijos, con mi madre.

«Saldré de aquí», me lo decía a diario, pero no contaba con que no volvería a vivir en México debido a la persecución del fiscal.

# #LIBERTADPARAALEJANDRA

Nunca pensé que mi caso se convertiría en un movimiento nacional ni en un símbolo de la esperanza en México. Sin embargo, así fue, y junto a mis hijos, recibí la empatía de toda una nación. Personas que, sin conocerme a mí o a mi familia, nos compartían ideas, contactos, libros, espacios de denuncia y oraciones.

Mis hijos buscaron a periodistas para que contaran el caso, pero se toparon con una muralla, ya que al principio nadie se atrevía a hablar de Alejandro Gertz Manero, al igual que los grandes medios de comunicación en México, que le abrían las puertas al Fiscal General de la República y se las cerraban a mis hijos. No les importó ni siquiera cumplir con su obligación constitucional y darles derecho de réplica; ustedes saben quiénes son y lo tendrán en su legado y quizá en la conciencia.

En una semana salieron los primeros tres artículos en el periódico *El País*, en los que se presentaba por primera vez mi caso. Al terminar esa semana, más allá de una entrevista no hubo mucho movimiento y sabíamos que en los medios de comunicación la tragedia dura un día y al siguiente hay otra que cubrir.

Todos los días picaron piedra y mientras lograban la atención de los medios, empezaron a usar Twitter. Alonso grababa videos en los que exponía el caso, en otros le enviaba mensajes muy fuertes a Gertz, o usaba nuestras conversaciones en la cárcel y las convertía en grabaciones.

Hoy recuerdo uno de esos videos en el que el corazón y un nacimiento eran los enfoques. Las células volaban en el torrente sanguíneo, el corazón latía sobre una mesa de metal, el ultrasonido, y de pronto una imagen mía cargando a uno de ellos. Todos eran diferentes y mantuvieron una persistencia a prueba de balas que fue registrada por periodistas, políticos, líderes de opinión, personas influyentes en las redes y la sociedad civil que, al unirse con mi familia, detonaron una avalancha mediática.

El mensaje y la lucha de mis hijos, que era la de nuestra familia, se extendieron como pólvora que encendió una chispa de empatía en los corazones de innumerables ciudadanos, a quienes también debo mi libertad.

La perseverancia y lucha sin precedente de mis tres hijos gestó un movimiento que atrajo la atención de periodistas, políticos, líderes de opinión y, sobre todo, del volcán invencible de la sociedad civil que apoyó esta lucha porque reconoció en mi historia un temor compartido: cualquier persona en México puede ser sepultada en la cárcel por un delito que no ha realizado, por razones solo existentes en la mente de las personas que controlan el sistema de justicia, por sus odios personales y por su sed de venganza.

La sociedad no solo acudió a las redes sociales, salió a las calles con pancartas, micrófonos, volantes y veladoras para apoyar a mis hijos. Se manifestaron en la Cámara de Diputados, en la Suprema Corte de Justicia de la Nación, en el Periférico, en el Monumento a la Madre, en Santa Martha Acatitla, en la Cámara de Senadores, en la propia Fiscalía General de la República, e incluso enfrente de la entrada de la calle privada en la que vive Alejandro Gertz Manero.

Hubo protestas, vigilias y manifestaciones en las que venían personas de diferentes estados del país, exigiendo mi liberación. Todas fueron acciones que demuestran el poder de la acción colectiva y la fuerza de la solidaridad humana.

La ola fue extendiéndose hasta que sus voces entraron en todos los espacios, moviendo mentes y emociones, porque las vísceras, la garra y el dolor de mi familia quedaron al descubierto y al escrutinio del país en televisión, radio y prensa. Estoy y estaré por siempre agradecida con los valientes que usaron sus espacios para hablar de mi caso y por el batallón de seres humanos que se aliaron con mis hijos para lograr mi libertad.

# LA AMISTAD EN LA CÁRCEL

En la cárcel se crean vínculos de una profundidad que nunca había experimentado en mi vida: amistades muy fuertes que sería difícil tener afuera. Cuando estás libre, tienes muchísimas cosas: trabajo, casa, escuela, familia, hijos, papás, amigos, tu vida. Pero en el momento en que llegas a Santa Martha, te quitan absolutamente todo.

En los días en los que estás completamente desvalida ahí, en una celda, entre gritos, bullicio y desesperanza, la única que está a tu lado es tu amiga. Cuando eres libre, ves que tu esposo se va a trabajar, tus hijos se van a la escuela o hacen deporte en las tardes y se reencuentran hasta la noche. En la cárcel no te vas a ningún lado, y tu amiga tampoco.

Solo una amiga en Santa Martha puede entender lo que estás viviendo. Está ahí contigo experimentando en carne propia exactamente lo que tú estás pasando. Viven y sufren a la par.

Tengo muchas amigas en mi día a día, pero sabía que, aunque muchas de ellas me fueron a visitar y me llevaban comida y flores, no estaban viviendo lo mismo y era difícil que me entendieran.

En la estancia donde más tiempo estuve, yo dormía en la que nombré la «changuera», la parte de arriba de una litera con un hule espuma como colchón y en la que apenas cabe una persona. En la celda de 4 × 4.5 m apenas entraban dos literas, una cama individual y quedaba un espacio que mis compañeras habían acondicionado como cocina, con huacales de plástico que acumularon para hacer la forma de una mesa, cubierta con un plástico rojo para poder cocinar encima. En la pared del fondo tenían repisas para poner ahí una bolsa de azúcar, un frasquito de café instantáneo, un bote de sal, unos cuantos rollos de papel de baño, una botella de aceite, huevos en una jícara y latas de atún, que eran sus productos de despensa. En una esquina estaba lo que se puede llamar un baño sin puerta. Al cruzar el marco había un lavabo de metal del que no salía agua y junto a la pared había una taza sin tapa que era una letrina, a la izquierda había un espacio con vestigios de lo que fue una regadera, con tubos oxidados y dos muñones de tubería donde alguna vez estuvieron las llaves.

Cada despertar, a diferencia de cuando vives libre, decidir dar lo mejor es un ejercicio de conciencia y voluntad que debes practicar a diario en la cárcel. Esa mañana de noviembre, cuando el frío comenzaba a ser más intenso, cumplía yo casi un mes en Santa Martha y me había hecho una rutina de actividades para mantenerme ocupada. Me bajé de la litera, me quité la pijama —unos pants afelpados que me mantenían calientita en las noches—, me puse los tenis, doblé la ropa y la puse en la repisa de donde tomé una playera, llené un vaso con el garrafón de agua y me lavé los dientes. Luego, me hice una raya en medio del pelo y lo dividí para hacerme dos colitas a la altura de la nuca para bajar al patio a hacer ejercicio.

Comencé a hacer mi rutina de calentamiento y a hacer ejercicios de piso con mi propio peso o apoyándome en las bancas para hacer fondos y otros ejercicios. Entonces, una mujer más alta que yo, de unos 40 años, corpulenta, con el pelo recogido en un chongo y con un rostro adusto se acercó y me preguntó si podía hacer ejercicio conmigo.

Le dije que sí y comenzamos con el calentamiento.

Desde el primer ejercicio me di cuenta de que lo hacía muy bien y parecía saber la técnica de memoria.

—Tú hacías ejercicio allá afuera —le comenté mientras hacíamos abdomen.

—No, yo nunca he hecho ejercicio —contestó manteniendo el rostro serio.

—Qué raro —le dije, y me quedé observándola de reojo el resto del tiempo.

Con el paso de los días, más mujeres se fueron sumando hasta que se formó un pequeño grupo con el que hacía ejercicio en las mañanas.

Casi todas tenían sobrepeso, sus estómagos eran voluminosos o tenían las piernas y los brazos flácidos. Pero en unas semanas comenzaron a ver los resultados de las rutinas y de hacer ejercicio. Hacíamos series de lagartijas, sentadillas, abdomen en parejas y se me ocurrió hacer unas pesas con botellas de plástico llenas de agua, porque en Santa Martha, al menos en la sección de mujeres, no están permitidas las mancuernas que encuentras en un gimnasio.

Al día siguiente de haber ejercitado las piernas, las pobres acababan rígidas y quejándose del dolor. Pero eso, al menos, las ayudaba a pensar en otra cosa que no fuera la cárcel.

Puse en práctica todas las rutinas que había aprendido desde hace más de dos décadas para mantenerme en forma a mis 68 años: sentadillas, lagartijas, peso muerto, fondos, ranas, abdomen, *burpees*, saltos de estrella, escalada de montaña. En unas semanas, mis compañeras agarraron la condición física que no habían tenido cuando las conocí.

Un día, cuando acabó la clase, tomé mi botella de agua, que dejaba en la mesa, mi toallita para secarme la frente y me acerqué a Mara.

—No sé por qué no me lo quieres decir, pero tú hacías ejercicio en la calle —le insistí—. Quiero que sepas que sé que lo hacías. No sé por qué lo estás negando. Yo tenía instructor y hacía ejercicio, pero yo no soy maestra y tú haces las cosas como si supieras, como entrenadora.

Solo entonces me contó que ella era instructora física y daba clases personalizadas, pero no había querido decirme nada para no tener problemas, porque imaginó que yo me iba a enojar si me quitaba la posición de instructora.

Al siguiente día, cuando estábamos todas en el espacio abierto, me puse como alumna y les dije a todas que Mara iba a dar la clase. Intuyo que Mara se sintió reconocida y vio que le estábamos dando su lugar, porque dio una muy buena sesión de trabajo ese día.

A partir de entonces, ella fue la instructora de acondicionamiento físico.

Después de varios meses de hacer ejercicio juntas, una mañana terminando la clase, Mara me preguntó si podía ayudarle a conseguir unos libros. La pregunta me tomó por sorpresa. En al menos cinco meses que llevaba en Santa Martha nadie me había pedido un libro prestado.

—Yo sé que tú te vas a ir muy rápido y veo que te traen libros. ¿No me puedes conseguir unos libros a mí? Te vas a ir y yo no voy a tener a nadie con quien leer, por favor, consígueme unos libros, yo quiero leer —me dijo con una certeza que me estremeció y fortaleció mi confianza de que yo saldría pronto de la cárcel.

Así empezó la amistad con Mara.

Aunque mi compañera de todo el día era Amelia, quien había decidido de forma unilateral que estaría a cargo de cuidarme, Mara se nos unió y comenzamos a ser amigas las tres. Después de la rutina de ejercicio nos íbamos a la clase de baile, luego cada quien se subía a bañar a mediodía cuando el sol ya estaba en lo alto. Llegaba, tomaba mi cubeta de agua, le ponía una resistencia eléctrica, esperaba una media hora y me bañaba con ayuda de una jícara. Al salir, me vestía nuevamente con otra ropa y estiraba mi toalla cerca de lo que parece una terraza, porque tenía un muro con hoyos, en forma de círculos, por donde entraba el aire del exterior.

---

De nuevo pedí ser escuchada por el Consejo para hacer una petición.

—El penal necesita luz —dije resuelta tras horas de espera—. Que entre más luz, o que retenga la poca que entra. Y eso puede ocurrir si fuera de un color claro.

—¿Qué es lo que quiere, Cuevas Morán? —respondieron con cierta suspicacia.

—Permiso para ingresar pintura para pintar Santa Martha.

—Nosotros no tenemos presupuesto para pintar la cárcel. Y si tuviéramos la pintura, ¿quién lo haría? No podemos prescindir de ningún elemento para que realice una tarea no esencial…

—Es esencial. —Recordé lo que había estado pensando desde días antes, y que había aprendido años atrás, y expuse—: El entorno modifica el ambiente y esto a su vez cambia el estado de ánimo de las personas. Un entorno en tinieblas oscurece el ánimo. Un ambiente de claridad propicia la tranquilidad. Si cambiáramos el color de las paredes, de los techos, de las áreas comunes tal vez se notaría un cambio importante en todas las reclusas. Yo puedo conseguir que nos donen del exterior cubetas de pintura, solo necesitaría que me permitan la entrada del material. También yo lo puedo guardar. Y sobre quien pintará, he estado pensando y podría encargarme de organizar brigadas de mujeres.

—Cuevas Morán, ¿por qué no inicia con su celda, nada más?

—Esa será la última. Yo quiero que pintemos todo antes.

Días antes, cuando lo platiqué con Mara, ella me dijo que estaba loca. Que no me dejarían. Que era una cantidad enorme de trabajo. Y que, además, no estaba en mi casa como para dedicarle tanto esfuerzo a arreglarla.

—Hasta que esté afuera, yo vivo aquí y esta es mi casa —le dije.

Mara me sonrió.

La labor, justo como ella dijo, fue ardua. Incontables fueron las horas y las vicisitudes que tuvimos que sortear: desde cómo almacenar las 22 cubetas de pintura que logré conseguir a lo largo de varios meses hasta cómo pintaríamos los techos (la parte más complicada de toda la operación), para lo cual primero usamos una escalera, que solo nos prestaron un día, y luego creamos extensiones para nuestros rodillos e improvisamos andamios con las estructuras de plástico donde Bimbo transporta sus productos; pusimos boca abajo estas cajas y las apilamos una sobre otra hasta conseguir la altura que buscábamos.

Pero cada que terminábamos un área, una celda, una pared, el regocijo era conjunto y pleno. Tal como lo había predicho, el color claro, que fuimos extendiendo por cada rincón, iluminó como nunca en toda su historia a Santa Martha.

Pintamos en su totalidad el edificio C, y fue tal su cambio que mujeres de otros edificios nos visitaban y se maravillaban ante la sensación de calidez que emanaba el nuevo color. Varias mujeres preguntaban qué podían hacer para que sus edificios brillaran así.

Iluminamos todas las áreas comunes del penal, menos la del edificio B, a la que recientemente también le habían dado mantenimiento gracias a la iniciativa de una presa.

Incluso pintamos el lugar donde estaban los teléfonos. Y aunque cada poco tiempo rayaban la superficie recién pintada, insistía y cada tanto yo también volvía a darle una pasada a ese lugar.

No, no era mi casa: había sido encerrada ahí en contra de mi voluntad, pero las amigas que conocí dentro y este esfuerzo de hacer más habitable el ambiente para todas me dieron, por algunos momentos, la luz para seguir resistiendo, para seguir cuidando mi espíritu y así mantener imbatible, dentro de mí, la fuerza para aguantar cada nueva agresión de un sistema de justicia podrido.

Fue, sin duda, una de las labores más importantes que realicé mientras estuve encerrada: darles más luz a los edificios, propiciar un ambiente distinto y liberador que el que sentí cuando me arrestaron.

# UN PRESENTE QUE DUELE

Dicen que todo tiene un fin, pero el ruido en la cárcel es algo que nunca acaba y cuando crees que hay un poco de paz, dan las siete de la mañana y te despierta el candadazo: ese rechinar de la reja que, entre el óxido y los candados, me acalambraba el cuerpo cada vez que lo escuchaba. Las custodias comienzan a caminar por los pasillos de los tres niveles de cada edificio y chocan sus llaves con los candados de las rejas de metal de las estancias, para recorrerlas hasta que azotan al límite.

La que no esté lista, afuera de su celda, con el cubrebocas puesto, puede ir a dar a la celda de castigo por tres días, solo por no recordar que hay que pasar lista tres veces al día.

En el tercer piso del edificio C se hacía una fila enorme, pero yo era la primera porque mi celda estaba en un extremo frente a las escaleras.

—¡Cuevas, 301! —gritaba en el momento indicado y me regresaba a mi changuera para dormir otro rato.

A lo largo del día comenzaban los gritos de las estafetas:

—¡Alejaaaaaandra Guadaluuuupe Cueeeevas Moráááááán!

Hasta que yo no daba señales, seguían gritando mi nombre o el de la persona que estuvieran buscando, una y otra vez. Ese era el trabajo de las estafetas, que recibían un pago de las autoridades para enviar recados.

—¡Aaaaaquí estoooy!

—¡Te llaaaaaaman de juzgadooooo!

Y yo bajaba y me dirigía para allá. O para donde fuera que me estuvieran buscando. Así era con las más de 200 mujeres que había en mi edificio; nunca me acostumbré al ruido insoportable y a los gritos permanentes.

Mi mejor amiga, Amelia, vivía en el mismo piso que yo, y acostumbrábamos caminar hasta la estancia de la otra para hablar y consultar si podíamos bajar o hacer algo, pero la mayoría se gritaba muy fuerte de su estancia a la otra, para pedir un cepillo prestado, para platicar un rato, también para declararse amor eterno o solo para reírse, como un método de enfrentamiento contra la monotonía, la incertidumbre y la tristeza.

Por las noches era peor el ruido de la cárcel; parecía un duelo de sonideros ahí dentro. Algunas presas usaban el beneficio de tener una grabadora para poner la música que les gustaba a todo volumen. Muchas veces la música chocaba, batallaba, se superponía y ascendía por las paredes de las celdas hasta elevarse fuera de estas, flotando estridente más allá del encierro, más allá de los muros y los techos de Santa Martha, como ninguna de nosotras ahí dentro podíamos hacer.

En Santa Martha Acatitla se forma una acústica especial porque el complejo está construido como un octágono, donde las celdas forman un espacio vacío al centro y el sonido rebota de una pared a otra, como en un cuenco.

Para poder conciliar el sueño en esas ruidosas noches incluso intenté usar tapones para los oídos; pero nada funcionó.

Pasado un tiempo, cuando pude completar las actividades culturales, deportivas y académicas requeridas, hice valer el beneficio de pedir un artículo electrónico y mis hijos me llevaron una grabadora. Para introducir objetos personales a Santa Martha, las funcionarias parecen ser muy estrictas, pero lo que hacen, en realidad, es proteger el mercado negro dentro del penal.

Cuando tuve mi grabadora me acerqué a una interna que vendía discos para ver su mercancía. Los sobrecitos de plástico, con portadas hechas de fotocopias en papel, solo eran de música que yo no acostumbraba a escuchar. Entre el paquete de decenas de discos encontré uno de música clásica.

Esa tarde corrí a mi estancia y me subí a mi changuera, puse el disco en el reproductor de CD, conecté el cable y comencé a sentir un placer como pocos en mi vida. La música me trasportó inmediatamente a un espacio seguro y sentí una alegría que me sacó lágrimas.

Esa noche fue mi noche, decidí poner mi grabadora a un volumen alto para competir con la guerra de ruido en Santa Martha. Ellas subían el volumen y yo lo subía, solo para ver quién se cansaba primero. Algo habrán notado distinto en Chopin, que comenzaron a abrirle espacio acústico, y los otros ritmos se fueron diluyendo hasta que todas se quedaron dormidas bajo el hechizo del piano.

---

El tiempo en la cárcel corre de manera distinta a cuando estás en libertad. Cuando las cosas comenzaron a complicarse, yo me puse a hacer cálculos y a ponerme plazos. A Alejandro Gertz Manero le faltaban seis años para terminar su mandato como Fiscal General, pero yo no iba a soportar estar presa tanto tiempo: «Tres años», me dije. Es todo lo que voy a soportar aquí adentro.

Un día que estaba hablando por teléfono cerca del comedor llegó una interna corriendo hacia mí con las muñecas llenas de sangre. Colgué de inmediato.

—¿Qué te pasa?, ¡¿qué hiciste?!

La mujer con cuerpo voluminoso no podía hablar ahogada en gritos y llanto.

Le sujeté de inmediato las muñecas para que dejara de salir la sangre y corrí con ella por el Kilómetro hacia el espacio del servicio médico. Todas las mujeres se nos quedaban viendo mientras pasábamos.

La recibió una doctora y comenzó a revisarle las muñecas. Le lavó los brazos y la vendó. En todo momento, la mujer no dejó nunca de llorar.

Se había cortado con la tapa de una lata de atún. Estas son extremadamente filosas, tanto que en la cárcel son utilizadas por todas las personas ahí dentro para cortar las verduras y los alimentos. Estas tapas, debido a las restricciones de la prisión —que se evitan lo más posible para que las internas no se dañen a sí mismas o entre sí— son uno de los objetos más valiosos por su uso multifacético. Adentro de la «cana» a estas tapas del atún se les conoce como «caneros».

Mientras estuve afuera del consultorio pensé en todas las otras ocasiones de suicidio de las que había escuchado. Recordé con tristeza otra historia: la de la interna que se había ahorcado en su celda. Me tocó ver cómo la sacaban para trasladarla aún viva, pero agonizando; vi su piel casi morada, vi su expresión, vi la muerte de cerca. Lamentablemente, murió poco después. Y ocurrió algo que me marcó a profundidad: las autoridades de Santa Martha no retiraron la cuerda con la que se dañó la mujer. Era como si ella siguiera ahí, pero ya no estaba, era tétrico, triste, angustiante; yo misma quise quitarla, pero de inmediato —con esa velocidad que para cualquier otra cosa no existía— me dijeron que ni se me ocurriera, que eso lo harían en su momento.

El desdén por la vida en la cárcel es tal que en una ocasión que tembló por la noche, y el penal parecía caerse, no se hizo nada al respecto. Esa noche se vivió un terror colectivo a que todo se derrumbara; todas las internas estuvieron gritando frenéticamente para salir al menos a algún patio y se llegó a tal punto que muchas se aventaron contra las rejas. Incluso esa ocasión, y al día siguiente, cuando encaré a una de las custodias por su abandono, su respuesta me heló:

—Es más fácil encontrar cadáveres que perseguir fugitivas.

Esa frase podría definir la justicia en México.

Ahí estaba yo, detenida por una institución, por un sistema de justicia que prefiere muertas a proteger y a tratar a sus reclusas como personas. En un ambiente así de desolado, las ideas de suicidio son constantes.

En el encierro, los pensamientos son demonios al asecho en cada esquina.

Por eso, cada mañana trabajé para mantener mi mente ocupada, mi voluntad avocada a dar lo mejor y mi cuerpo en acción. Bloqueaba cada pensamiento negativo que llegaba a mi cabeza y lo transformaba en algo que me ayudara en ese momento. Era un ejercicio diario el estar atenta a mis pensamientos y mantener como mi único objetivo recuperar mi libertad.

No iba a permitir que un acto de abuso de poder destruyera mi vida ni la de mis hijos y mi madre.

---

Otro de los hechos más importantes que viví dentro estuvo relacionado con mi hija Ana Paula.

A los seis meses de mi encarcelamiento le diagnosticaron un problema de tiroides que la mantenía muy cansada. Este padecimiento físico empeoró debido a la carga emocional y mental de mi situación, tanto legal como física, como ya he contado. Mi hija, desde el primer momento, se hizo cargo de que yo estuviera lo mejor posible, coordinando los paquetes y comida que ella misma me llevaba hasta Santa Martha.

Ana Paula tiene tres hijos, cuyas vidas también fueron alteradas al tener a su abuela presa y a su madre enfocada en un solo objetivo: sacarme de la cárcel. Además de que tenía que cuidar varios flancos: mi seguridad y salud, la seguridad y salud de nuestra familia afuera, el terrible frente que se estaba librando en contra del poder e influencias del Fiscal General. ¿Cómo podía cargar con tantos problemas? Su cuerpo, en algún punto, pareció desistir y yo la entendía.

Llegué a pensar que dejaría de venir a verme y dejaría a sus hermanos solos en esto. Pero no. Ella ni siquiera lo pensó. Pero sí tuvo que recuperarse antes.

Durante algún tiempo el dolor y la incertidumbre me acompañaron porque Ana Paula no pudo ir a visitarme. Un día, sin embargo, regresó. Fue una visita inesperada de la que yo no tenía noticia. Cuando la vi en el patio, pensé que me daría un infarto. Ese fue uno de los mejores abrazos que alguna vez viví: uno que me regresó una sensación de paz y confianza, que me dio ánimos y coraje para enfrentar lo que seguiría.

---

Y así, entre episodios que denotaban la injusticia del sistema, el abandono en el que se tienen a todas las reas, la falta de apoyo para atender cada caso y no relegarlo en el olvido burocrático, las inclemencias de las instalaciones de Santa Martha Acatitla, los brotes de gran tristeza que hacía que las internas quisieran acabar con su vida, el deseo de sobrevivir y el paso del tiempo con sus ruidos, con sus vueltas y repeticiones, así pasaron los días, las noches, las semanas, los meses, y se acabó un año…

Aun así, yo cuidaba flores en mi celda. Florecían, se mantenían erguidas. Y muchas de las internas pasaban a verlas. Se paraban a unos metros o más cerca para contemplarlas con una mirada que muchas de ellas nunca tenían con otras internas: con cariño. Llegaron a ser casi un signo de la libertad ahí dentro; incluso, puede que de la propia belleza.

De repente, los plazos que me habían dado se habían esfumado sin ningún horizonte de que algo mejoraría pronto ni en ningún momento. Así podría definirse estar presa, como vivir en una pausa hiriente, congelada, en un presente que duele a cada respiración, sin perspectiva de ningún futuro.

# TRIBUNAL COLEGIADO

Mis hijos recibieron un correo electrónico en el que les dieron dos fechas, la primera era para que tuvieran una videollamada con tres magistrados para exponer lo que consideraran necesario antes de que tomaran la decisión, y la segunda establecía el día y la hora de la audiencia en la que deliberarían sobre mi caso. La emoción y la preocupación se apoderó de todos nosotros: ¿podría finalmente salir de la cárcel?, ¿los magistrados actuarían conforme al derecho o acatarían las órdenes de Gertz Manero?

Sin embargo, esa misma noche recibieron otro correo electrónico. En este les notificaban la cancelación de la reunión y también sobre la audiencia, en la cual existía la posibilidad de que quedara libre. Según les informaron,

Alejandro Gertz Manero le había solicitado a la Suprema Corte de Justicia de la Nación que atrajera el caso.

¿Qué significaba esto? ¿Por qué nuestro caso sería revisado por el máximo órgano de justicia del país, cuando los hechos indicaban que yo estaba siendo acusada de un delito inventado? La entrada en escena de la Suprema Corte era un hecho inaudito.

Nos quedamos atónitos con la noticia.

¿Qué pasaría ahora? Sabíamos que esta decisión, prevista por Gertz Manero, nuevamente alargaría aún más mi encarcelamiento y además no teníamos idea de lo que significaba que ahora mi destino estuviera en manos de los 11 juristas que integraban el Pleno del máximo tribunal del país.

Mis hijos volvieron a animarme por teléfono.

—Todos nos dicen que es lo mejor que nos pudo haber pasado; porque, aunque pases más tiempo en la cárcel, es imposible que Gertz use a todos los ministros como títeres.

Estábamos equivocados.

Este ejercicio de atracción, previsto en el artículo 107 de la Constitución, procede cuando el propio órgano jurisdiccional estime que un asunto reviste características especiales que así lo ameriten.

Yo había escuchado hablar antes de que un caso podía atraerlo la Corte, pero tenía entendido que era prácticamente imposible porque este era un caso de índole particular. ¿Cuál era la relevancia para el país? ¿Gertz sospechó que los magistrados del Tribunal Colegiado me iban a liberar? ¿Le pasaron información? ¿Por qué solicitó la atracción cuando estaban a días de deliberar sobre mi caso?

En el fondo intuíamos que Alejandro Gertz Manero quería llevar el caso a un terreno en el que sentía que podía tener una ventaja para ganar definitivamente. Quería sepultarme en la cárcel y evitar de una vez por todas que mis hijos siguieran exhibiendo la cuestionada fortuna que mantuvo con el poder de su hermano Federico como prestanombres.

Aquel día de visita, cuando me enteré de la nueva situación de mi caso, varios familiares de mis amigas me dijeron:

—¡Alejandra, felicidades! Nos enteramos de que tu caso lo atrajo la Suprema Corte. Qué diéramos nosotros para que atrajera el nuestro.

Abracé a mis hijos y nos sentamos como siempre en una de las bancas, sacamos la comida, los platos, las bolsas Ziploc con lo que había traído Ana Paula, servimos la comida y empezamos a comer. Ahí solté mi primera impresión:

—Yo sé que es bueno, pero ¿y si nos detienen el caso?

Noté que mis hijos ya se lo habían preguntado y lo habían discutido.

—No, mamá, dice el abogado que es lo mejor que pudo haber pasado.

Sabía, muy en mi interior, que podría quedarme años en la cárcel por culpa de un proceso guiado a través del odio de un hombre con tanto poder como para manipular las leyes para conseguir sus designios.

Esa semana, cuando vi al abogado, me dijo que confiaba en que los ministros darían una fecha muy pronto. Estaba terminando el 2021, pasaron uno, dos meses, se acercaba la Navidad y la idea de que podían tener mi caso sin asignar hasta por 10 años, como ha ocurrido antes, no me dejaba tranquila.

# ARMAR PIEZA A PIEZA

—No es a huevo, Chío. Tiene que hacer clic la ficha —le explicaba yo a una compañera de Santa Martha sobre cómo armar un rompecabezas. Pero ella tomaba la pieza e intentaba meterla a fuerza en donde ella pensaba que era su lugar.

Yo estaba convencida de que ella estaba negada para ese juego, pero fue perseverante. Chío, una mujer con aspecto varonil, pelo corto y superactiva, había regresado a Santa Martha por haber cometido robo, nuevamente, a una tienda de conveniencia, y como no tenía visita familiar subía garrafones de agua a las estancias para ganarse unos pesos.

La aventura de armar rompecabezas en Santa Martha se motivó por la pandemia: todas las actividades recreativas o educativas estaban suspendidas para evitar los contagios desde y hacia el exterior. Así que un día les pedí a mis hijos que me llevaran un rompecabezas, un entretenimiento que solía tener desde que ellos estaban chicos; necesitaba algo que mantuviera mi mente ocupada y no diera pie a pensar en cosas negativas.

El día de la visita a mis hijos les prohibieron meter el rompecabezas porque estaban prohibidos los juegos de azar… ¿Cómo podía un rompecabezas ser un juego de azar?

Pregunté cómo podía solicitar autorización para eso y, tal como había pasado con el asunto de la endodoncia, me dijeron que debía solicitar por escrito una audiencia con el Consejo para que se me permitiera expresar mi inquietud sobre meter un rompecabezas al penal.

El día que me dieron audiencia no sabía que, nuevamente, iba a estar horas afuera de la oficina habilitada como sede del Consejo.

—¿Cuándo me va a tocar a mí? —le pregunté a la custodia.

—A ti te toca el 84 —me dijo sin consideraciones.

—Esto tiene que ser una broma… ¡¿Van a recibir a 83 personas antes?!

—Sí, porque como lo tuyo no es castigo, es una petición, tienes que esperar a que todas pasen.

Me quedé hasta las nueve de la noche sin tomar agua ni comer. Parecía que se trataba de un maratón de paciencia, un método para desgastarte y desmotivarte; yo me la pasé escribiendo. Cuando llegó mi turno, abrieron la puerta y la custodia me dijo:

—Las manos atrás, y mantente siempre al fondo del salón.

Lo primero que pensé fue: «Ahora resulta que debo tener las manos atrás como si fuera una delincuente».

Les dije entonces que yo quería un rompecabezas y no dejaban que lo pasara, por lo que quería saber cuál era la razón. Su respuesta fue inaudita:

—Porque es un juego de azar.

—Es un reto personal en donde puedes tener contacto con otras personas, pero no es azar —respondí—. Yo sé que en la cárcel el único juego permitido es la Poleana; ese sí es de azar y ese sí es un juego de apuestas porque es de dados. No nos hagamos, hay barajas en todos los dormitorios. Eso sí es azar —les recalqué.

Tras una discusión, la directora me otorgó el permiso para que me trajeran el rompecabezas.

Al día siguiente hablé con mi familia. Además del rompecabezas, les pedí uno de esos tapetes para cambiarlos de lugar sin que se desarme lo ya construido. Llegó el rompecabezas y yo sentí que me llegaba un coche y lo empecé a armar sola.

Conforme iba avanzando, se me empezaban a acercar otras internas en el comedor, donde tenía el espacio para armarlo, y me preguntaban qué hacía.

—Un rompecabezas —les decía concentrada.

—¿Y eso qué es? —respondían de vuelta.

—¿Nunca han visto un rompecabezas?

—No, nunca.

—Hay unas piezas que tienen lados rectos y que son las orillas —les dije—. Y empecé a dar una clase; ahí descubrí una cosa muy importante en la cárcel: tengo un gran don para enseñar y compartir.

Después me trajeron otro rompecabezas que tenía en mi casa. Al poco tiempo me empezaron a pedir uno y como yo solo tenía un tapete, pedí otro a mi familia. Entonces, teníamos dos tapetes y dos rompecabezas.

Un día estábamos haciendo los rompecabezas en el comedor, que era el único espacio por las mesas amplias, cuando llegaron las autoridades a observarnos. Yo tenía permiso, pero este había sido individual y verbal, así que imaginé que me regañarían. Una semana después me mandaron llamar de la dirección y me dijeron que las internas estaban muy interesadas, que si me podía volver maestra.

Les dije que para mí era una maravilla, y que yo me encargaba de conseguir los tapetes y rompecabezas. Entonces hice una convocatoria para que participaran más internas; si formaban parte les darían buenos puntos en su expediente. En total fuimos 50 mujeres haciendo rompecabezas en ocho mesas del comedor; fue todo un reto de logística para organizarlos, enrollarlos en sus tapetes y guardarlos.

Era una terapia maravillosa.

Y ahí empecé yo a tener las primeras satisfacciones, porque de repente me escribían cartas mis alumnas:

*Estimada doña Ale:*

*Yo le quiero decir que lo que usted hace es maravilloso. Yo tenía muchísima ansiedad, he dominado la ansiedad, los miedos y todo lo que usted me ha enseñado.*

*Ya entendí lo que es meditar. Nada me ha dado más placer y quería que usted lo supiera porque usted ha sido lo máximo conmigo.*

Otra me escribió:

*Yo me alegro porque nada más tengo paz cuando estoy con usted, empiezo un rompecabezas y siento que me voy de la cárcel.*

Había muchas personas inscritas que lo único que querían era estar fuera de su celda en ese horario y usaban la clase como pretexto. Me desesperé porque comían arriba del tapete, perdían los resortes, perdían las piezas, tiraban las cosas.

Con el tiempo se fueron disciplinando y me llegaban más y más rompecabezas. Teníamos *La noche estrellada* de Vincent van Gogh, el Taj Mahal, unos cojines indios, globos aerostáticos de colores. Pero el favorito de todas era uno de villanos de Walt Disney donde estaba Úrsula, el Capitán Garfio y todos los malos. Ese y el de un juguetero les encantaba. El único rompecabezas que nadie quería armar era el de Van Gogh —tenía 2000 piezas—, ni yo logré terminarlo. Llegamos a tener como 80 rompecabezas, todos por donaciones de mis amigas y mi familia.

---

Cuando comencé a enseñar y a organizar la clase de rompecabezas apareció una interna que nunca había armado uno. Era una chica que andaba de arriba para abajo, muy activa, que vendía cosas: Chío. Un día, nadie sabe qué le pasó, pero la subieron a la celda de castigo y cuando bajó lo hizo sin poder caminar y acabó en silla de ruedas; se deprimió. Yo la había conocido cuando estaba sana; vivía en la planta baja del complejo.

Cuando vi que se empezó a asomar a la hora del rompecabezas traté de ir por ella:

—Ya traigo el rompecabezas, vente.

—No, ahorita me siento mal, me duelen las piernas —me decía.

—Si no sales, no te voy a dejar nunca ver el rompecabezas —le advertí, y aceptó.

Y comenzó a salir y a interesarse más. Así que empecé a enseñarle. Aunque me resultó imposible al inicio. Le decía: «Mira, las partes rectas van en las orillas» y agarraba una figura en forma de corazón, y ella preguntaba: «¿Es esta?». O le decía yo: «Hay que separar todo lo rojo». Y ella agarraba las piezas verdes.

Una amiga me dijo incluso:

—Ale, no pierdas el tiempo, no va a aprender.

—Sí, yo creo que no va a poder, pero está muy interesada —le contesté, aunque me armé de paciencia, y volví con las instrucciones básicas:

—Vamos a separar los verdes con los verdes.

Y ella agarró una pieza azul. Pensé que mi amiga tenía razón y que no iba a aprender nunca. Pero su voluntad fue más fuerte y, poco a poco, pieza a pieza, fue adquiriendo habilidad.

Con el paso de los días, ya nada más estaba viendo a qué hora me aparecía con el rompecabezas. Comenzó a ayudarme y yo la empecé a responsabilizar de las piezas, de los tapetes y de ayudar a las nuevas alumnas.

Luego me preguntó si podía llevarse el rompecabezas a su cuarto por la noche. Se llevaba una caja de armar, con la consigna de una parte, para que al día siguiente pasáramos ese fragmento al tapete. Trabajaba en el rompecabezas 18 horas prácticamente.

Al mismo tiempo le empezó a dar un gusto por salir, por estar afuera y por convivir.

Chío se quedó en mi lugar y fue la que se volvió la maestra de los rompecabezas. Nunca he visto un cerebro con ese grado de perfección para poder armar un rompecabezas. Se ponía enfrente de 1 000 piezas, todas iguales, las veía y decía:

—Doña Ale, yo creo que este bonchecito es de acá.

—Chío, ¿cómo le haces?, si todas son iguales. No se puede ver que ahí van.

—Sí, se ve.

Chío fue la única que armó los 80 rompecabezas, incluida *La noche estrellada*.

# EPISODIO IBERO

Mis hijos presentaron un escrito a la Corte para consultar a quién sería turnado el caso y poder tener una audiencia con la o el ministro ponente; pero no recibieron respuesta.

Insistieron. Metieron dos, tres, cuatro, cinco, seis escritos y nada, ni una sola respuesta.

Estábamos, de nuevo y en realidad desde que había empezado nuestra persecución y mi encarcelamiento, desahuciados de justicia y de posibilidades.

Tenía que haber otra manera de saber si mi caso estaba en el cajón del escritorio de alguien o si ya había sido asignado a alguna ponencia y si realmente estaban viendo mi expediente. Eso es lo que todos queríamos, que vieran todas las irregularidades en el caso desde sus antecedentes, para recuperar mi libertad y después recuperar la paz de mi familia. Queríamos que se analizaran los hechos. Que se acatara la ley y esta no fuera usada a conveniencia por quienes la ejercen para ejecutar venganzas personales.

---

Ante el silencio absoluto de la Corte, mis hijos se enteraron de que el entonces presidente de la Suprema Corte de Justicia de la Nación, Arturo Zaldívar Lelo de Larrea, iba a dar una conferencia en la Universidad Iberoamericana donde los tres estudiaron su carrera. Mi hija Ana Paula estudió Administración de Empresas; Alonso, Derecho; y Gonzalo, Ingeniería Industrial.

Estábamos desesperados. Yo llevaba un año y tres meses privada de la libertad y veía cada vez más lejana la posibilidad de lograr mi salida. Que se hiciera justicia parecía algo imposible. Mis hijos no sabían qué más hacer además de entregarle en persona al presidente de la Corte esos mismos escritos que nadie parecía leer.

Ya se habían manifestado varias veces afuera del recinto para exigir respuestas y varios medios hicieron eco de estas acciones. Solo queríamos saber quién era el ministro ponente, pero el silencio fue la respuesta, tal vez exigido —bajo pena de una represalia— por el Fiscal General.

En los primeros días de enero se enteraron de que Zaldívar daría esa conferencia en la Ibero. De inmediato,

Alonso contactó al Departamento de Derecho de su *alma mater* para pedir permiso de asistir. Le dieron, a grandes rasgos, los detalles para llegar. Luego mandó un correo electrónico, les explicó el motivo por el cual quería asistir a la conferencia de Zaldívar y simplemente ya no recibió respuesta.

Pero mis hijos fueron perseverantes y llegaron, junto con su padre, el 10 de enero al campus de la Ibero, explicaron en la entrada del estacionamiento que iban a asistir a un evento. Y mientras yo estaba a la mitad de mi clase de rompecabezas, ellos entraban a un pequeño auditorio.

---

Cuenta Gonzalo que cuando estaban por entrar al evento vieron que verificaban nombre por nombre en una lista de registro previo. Por un momento pensó que no los iban a dejar pasar, pero en ese momento llegó el enlace del Departamento de Derecho y abordó a su hermano.

—¡Hola, te mandé un *e-mail!*, ¿me recuerdas? Aquí estoy con mi familia… —le dijo Alonso en el tono más amable.

La académica le dio la bienvenida, habló sobre un traspapelado de *e-mails* y los dejó pasar. No lo pensaron dos veces y se sentaron en las primeras filas.

Después de casi una hora de discursos académicos sobre derecho, se abrió el espacio para preguntas y respuestas. Mi hijo Alonso supo que tenía una sola oportunidad, y se adelantó para ser el primero en hablar. Se levantó con tranquilidad, decidido; tenía como siempre todas las palabras en la cabeza, toda la trama la conocía a detalle.

Fue hacia el micrófono sostenido en un poste a la mitad del pasillo central y empezó a decirlo todo.

---

*Buenas noches, mi nombre es Alonso Castillo Cuevas.*

*Ministro presidente Arturo Zaldívar, hoy, mi madre, Alejandra Cuevas Morán, cumple 453 días ilegalmente encarcelada por el Fiscal General de la República, Alejandro Gertz Manero, quien el pasado 11 de noviembre, cuando estaba a punto de deliberar el Primer Tribunal Colegiado en materia penal sobre el asunto de mi madre, la muy posible y factible liberación de mi madre —porque ya veníamos de ganar los amparos—, el Fiscal General de la República le pidió a la Suprema Corte de Justicia de la Nación que atrajera el caso.*

*Ministro presidente, han pasado más de 60 días y lo único que hemos recibido de la Suprema Corte de Justicia de la Nación es un silencio absoluto que nos mata, al igual que la celda asfixia a mi madre ilegalmente en la cárcel.*

*Ministro presidente, no permita que Alejandro Gertz Manero, quien fue el cuñado de mi abuela durante 62 años, extermine al Poder Judicial y termine con el legado de todas las ministras y ministros por este poder absoluto que tiene el Fiscal General de la República.*

*Además, ministro, se lleva el caso porque él sabe que la fabricación es insostenible. Cualquier ministra, cualquier ministro que abra el caso se va a dar cuenta del sinnúmero de violaciones cometidas en contra de los derechos humanos, en contra del debido proceso y, sin embargo, mi madre, Alejandra Cuevas Morán, sigue presa, aunado a que la Ley de Amparo, en el artículo 40, es clara al establecer en qué supuestos podría la Fiscalía General de la República pedir una atracción de la Corte.*

*¿Cuál es el interés supremo de la federación en un caso particular del fiscal Alejandro Gertz Manero, que sabemos que está utilizando la* FGR *de manera facciosa?*

*Porque cuando él impugnó los amparos que nosotros ganamos, los impugnó no solo como Alejandro Gertz Manero, los impugnó a través de la Fiscalía General de la República. Cuando él atrae el caso, todo mundo nos dice: «Va a ser muy doloroso para ustedes porque se van a quedar más tiempo sin su madre, pero va a ser más difícil que el Fiscal General de la República pueda doblegar a 11 ministros».*

*Ministros, apelamos a la solidaridad de la justicia, de la conciencia; esto es una atrocidad jurídica, ética, humana, que bastará con que cualquier abogado honorable, con integridad, abra el expediente y se dé cuenta de la violación tan salvaje que han hecho de los derechos humanos de mi madre, Alejandra Cuevas Morán.*

*Y para poner en contexto nuestra preocupación, nosotros iniciamos ya un juicio político en la Cámara de Diputados el pasado 7 de diciembre, ministro. A la fecha, únicamente dos representantes han hablado de este caso; es decir, el poder del fiscal es tan absoluto que ya el Poder Legislativo lo tiene arrinconado.*

*Nosotros confiamos en la imparcialidad de la Suprema Corte de la Justicia de la Nación. La justicia debe ser pronta, debe ser expedita, debe ser transparente, debe ser eficaz.*

*Y déjeme decirle, ministro, que hemos tenido desde ministerios públicos que les mienten a los jueces para lograr resoluciones fraudulentas en contra de mi madre —incluyendo el arresto— hasta jueces que dictan auto de formal prisión a una mujer inocente; no dicho por mí, ministro, dicho por las propias autoridades.*

*Cuando Alejandro Gertz Manero te persigue, la ley se extingue.*

*Estamos clamando justicia, ministro, a usted, a sus colegas, que dejen este silencio que nos está asesinando.*

*Mi madre tiene 68 años de edad. Mi abuela tiene 94 años: Laura Morán Servín, con orden de aprehensión, la mujer más longeva en la historia del país con una orden de aprehensión y se está muriendo. Solo se resiste a la vida, ministro, porque está esperando la libertad de mi mamá: una mujer que no debería haber pisado la cárcel ni un instante. La única razón, ministro, por la que está ahí es por el po-*

*der absoluto del Fiscal General de la República: Alejandro Gertz Manero.*

*Por lo que le solicitamos yo; Ana Paula, mi hermana, madre de tres hijos; Gonzalo, mi hermano, los tres egresados de la universidad; mi papá, el doctor Miguel Castillo Costa, que, de verdad, ministro, esto no puede continuar.*

---

Es posible ver en los videos cómo en la última parte del discurso a mi hijo Alonso le tiemblan las manos. Su discurso fue valiente, lleno de fortaleza y verdad.

Luego Alonso me contó sobre la experiencia que fue jugar esa última carta para que se hiciera justicia, cuando, sin haberlo planeado, mi hija Ana Paula comenzó a interpelar a Zaldívar.

Mi hija, mi amiga y guerrera, comenzó a gritarle al presidente de la Corte, se paró frente al estrado y le pegó en la mesa. En el video, que cada vez que lo veo me conmueve y me hace sentir la mujer más afortunada por tener unos hijos como ellos, veo la desesperación que estaban viviendo.

Mi hija Ana Paula le reclamó al ministro presidente:

—Porque gracias a que tú tomaste… el caso de mi mamá y lo jalaste a la Suprema Corte… Viniste a todos a hablarnos de justicia en este lugar. ¿Dónde está la justicia? Soy egresada de la Ibero, ¿dónde está la justicia? Todo lo que les dicen a sus alumnos…

Hubo una pequeña pausa.

—¡Cuatrocientos cincuenta y dos días! Si fuera tu mamá, ¿qué harías? ¿Qué harías? —gritó Ana Paula desesperada, mientras, sorprendiendo a todos los presentes, incluyendo a sus hermanos, se hincó de golpe frente a la mesa de Zaldívar— ¡¿Qué harías?!

La imagen de una mujer como mi hija, de rodillas, reflejaba una verdad dolorosa, tan imposible de creer: ¿así es como se pide la justicia en México… de rodillas?

---

En ese momento la protesta era total: mi hija, con la voz quebrada de dolor e impotencia, desgañitándose frente al ministro y la comunidad universitaria, el ministro sentado, viéndola de frente sin moverse, y Alonso y Gonzalo gritando por el micrófono:

—¡Justicia! ¡Libertad para Alejandra!… ¡Por favor!

—Esto no puede quedar así. —Pegó también en la mesa—. Soy mamá de tres hijos y estoy aterrada de criarlos aquí en México, aterrada de vivir en México porque no existe nada; porque no existen las leyes, no existen los ministerios públicos, mi mamá no hizo nada —dijo Ana Paula y luego volvió a hincarse a unos centímetros de los pies de Zaldívar—. ¡Se lo suplico! ¡Clemencia!

Al decir esto mi hija alzó los brazos por arriba de su cabeza e hizo reverencia ante el ministro.

En cuestión de segundos, tres hombres de abrigos largos ya estaban rodeando al ministro Zaldívar y tanto Alonso como Ana Paula y Gonzalo pensaron que se iban a lanzar contra mi hija, que se estaba aproximando mucho a Zaldívar. Gonzalo pensó que le iban a meter un tiro a su hermana por tratarse del presidente de la Corte, pero solo se mantuvieron a la expectativa, acercándose y rodeando al ministro como en espera de una orden.

En ese momento, el moderador, sentado al lado del ministro presidente, les dijo, como si se hubiera tratado de un comentario en una exposición cualquiera, que ya había quedado expuesto su punto y llamó a mi hija a calmarse.

—¿Cómo me pide que mantenga la calma…? Cuando sabes que tu mamá es inocente, tiene 69 años, hay COVID, y se está muriendo en una cárcel… si no hay leyes —le reclamó mi hija al moderador con rabia.

—Creo que podemos dialogar —insistió él, con voz queda, como si estuviera ausente de la escena.

—*¿Cómo voy a dialogar si llevo siete escritos enviados a la Suprema Corte*?, ¡siete! —exclamó Ana Paula y regresó a su lugar y, como Alonso, se sentó. Eran rabia pura.

—Creo que podemos dialogar —siguió diciendo como autómata el moderador—, justamente el espacio es para generar… —su voz se perdió.

Gonzalo me dijo que la idea original al presentarse en la Ibero era simplemente aprovechar el espacio de preguntas para presentar nuestra situación al ministro presidente. Dijo que tenía paranoia solo de imaginar que Zaldívar los había reconocido entre el público.

Ese era el plan, pero de repente Ana Paula reaccionó, le dio el manotazo a la mesa, se puso a gritar, se hincó. Dice Gonzalo que por un momento pensó: «Ya nos chingamos». Pensó que era un error y, al final, terminó siendo un momento que catapultó aún más lo que ya era un movimiento nacional importante.

Salieron mis tres hijos del auditorio, acompañados por su papá, un hombre extremadamente sobrio, protocolario, silencioso, y relatan que le dijo a Ana Paula que, ahora sí, yo ya no iba a salir de la cárcel.

Ana Paula, con la rabia, el coraje y la frustración que tenía le dijo las palabras más duras que ha pronunciado a su papá:

—Tú no sabes lo que es tener mamá porque la tuya se murió cuando tenías cinco años.

Fue muy duro lo que le dijo; pero representa el dolor y frustración que vivían ella y sus hermanos.

Mientras caminaban al coche, la periodista Elisa Alanís, conductora en *Milenio*, les llamó cuando la noticia se empezó a esparcir en redes sociales. Gonzalo no era el único que estaba grabando, varios en el auditorio sacaron su celular y se pusieron a grabar la escena donde sale Ana Paula pidiendo clemencia de rodillas.

Elisa fue una aliada en el noticiero y su columna de *Milenio*, siempre objetiva y sin miedo. Cada vez que mis hijos le decían en dónde se iban a manifestar, ella enviaba a un camarógrafo para darle visibilidad a nuestro caso. Cuando ocurrió esta escena de la Ibero, en donde mis hijos no pudieron soportar la falta de respuesta de la Suprema Corte, ella también hizo un enlace en vivo con mis hijos mientras estaban en la camioneta para difundir lo que había ocurrido.

Al día siguiente, después de meses de no tener noticias y de forma mágica, había un ministro ponente para mi caso.

# PRIMER Y SEGUNDO PROYECTO EN LA SCJN

Mis hijos mantenían el activismo en las redes; prácticamente no había un solo medio que no hubiera hablado de mi caso y en una conferencia de prensa, de las que solía dar mensualmente Arturo Zaldívar, se dio a conocer que el pleno ya tenía un proyecto y pensaba discutirlo y votarlo el 14 de marzo de 2022.

A partir de entonces mis hijos conocieron de cerca los muros de piedra de la Suprema Corte, en el Centro Histórico, caminaron por los pasillos para entrevistarse con todos los ministros. Le llaman «La visita de las 11 casas». En cada una de las reuniones, en sus despachos, cada uno de los ministros les dijo que ya habían revisado a fondo el proyecto y que se ajustarían a la ley.

De nuevo el optimismo. Pero días antes de la discusión, que se iba a dar el lunes, se filtró una grabación, a

YouTube y otros medios de comunicación, en donde se dieron a conocer las conversaciones entre Alejandro Gertz Manero y Juan Ramos, su brazo derecho y Sub-Procurador en la FGR. En el audio se daba a entender que «ya tiene a tres o cuatro ministros», además de estar discutiendo el proyecto de sentencia que era confidencial y que en teoría únicamente los ministros podrían tenerlo.

El diario *Reforma* fue de los pocos que registró y conservó los audios donde se documenta que el fiscal intentó refundirme en la cárcel y que se sentía seguro de tener a varios de los ministros en el bolsillo.

En las conversaciones filtradas, Alejandro Gertz Manero no solo deja ver que estaba influyendo en el sentido del primer proyecto, a cargo del ministro Alberto Pérez Dayán, sino que mostró su furia cuando se enteró de que no era favorable a sus intereses y que implicaba mi posible libertad, en caso de ser aprobado por la mayoría del pleno.

Se refirió a mí como una pendeja, pero de pendeja no tengo nada, lo que demuestra la calidad de tan nefasto personaje.

En esa plática, Gertz Manero conversaba con Juan Ramos, le consultó qué opciones tenían y planeó enviarle todos los argumentos necesarios al ministro presidente, Arturo Zaldívar, para que me quedara en la cárcel.

Qué peligroso y preocupante es que ni el Congreso ni el Consejo de la Judicatura Federal llamaran a los ministros a cuentas a explicar si tienen alguna relación o compromiso con Gertz Manero. De otra forma, ¿por qué dijo estar tan seguro de que contaba con tres o cuatro ministros de su lado?

La filtración ayudó a exhibir que existía una gran influencia del Fiscal General de la República en las acciones de la Corte, al grado de enviarles sus propios argumentos para intentar obtener un fallo que fuera favorable a sus intereses y fuera del marco de la ley.

Gracias a esa filtración, se dio a conocer la complicidad que comprometía a la independencia de la Corte. Ni mis hijos ni mis abogados habían tenido acceso al proyecto del ministro.

La injusticia y desbalance era tal porque Gertz Manero era tanto juez como parte de la disputa que él mismo guiaba.

Sabíamos que, aunque los hechos nos respaldaran, encarar al fiscal era muy complicado e implicaba un enorme riesgo por su influencia y por el poder de un puesto tan cercano al presidente de la República, quien siempre expresó que Gertz era un funcionario político impoluto. En ese momento quedó claro que el caso no era solo contra Gertz Manero, sino contra el pernicioso sistema de justicia del país.

Nuestra lucha por la libertad no representaba la lucha de una persona para que se hiciera justicia y se acataran las leyes, sino la de todas las personas enjuiciadas y encarceladas injustamente en todo el país. Era una revelación: parecía obvio que las personas en el poder usaban su posición para poner en contra de los ciudadanos no solo las leyes, también a las instituciones creadas para protegerlos.

---

Llegó el 14 de marzo y la posibilidad de salir de la cárcel. Se necesitaban solamente seis de los 11 votos del pleno a mi favor.

Cuando llegó la votación, yo estaba en mi club de rompecabezas, sin saber qué iba a pasar porque no tenía televisión. Mis hijos me habían dicho:

—A las tres de la tarde márcanos para que te digamos qué pasó.

Yo me acuerdo de que estaba frente al teléfono para que no me lo fueran a ganar y les dije a las demás internas:

—A las tres necesito el teléfono. —Cuando me alegaron les dejé en claro—: A las tres… y la que no me deje el teléfono va a ver cómo le va.

Faltando dos minutos para las tres, me paré de la mesa donde estábamos armando las piezas de globos aerostáticos y tomé el teléfono.

---

Un rayo me golpeó desde el otro lado de la línea.

—Mamá, nos faltó un voto —dijo Alonso, con un afán de comunicarme la mala noticia sin ningún tipo de adorno en su frase.

Pero fue tal el *shock*, que pareció como si las palabras tuvieran un efecto paralizante en mi cuerpo.

—¿Cómo? —pregunté maquinalmente.

En ese momento yo desconocía si vendría otro proyecto, o serían años de espera para el siguiente. Fui saliendo poco a poco del estado en el que me dejó la noticia y toda mi atención y mi curiosidad volvieron a salir a flote:

—¿Qué fue lo que pasó?

—No te preocupes, vamos a tener los votos —me respondió mi hijo y me trasmitió mucha seguridad. También pensé que lo que acababa de decirme se lo decía a él.

—Tienes razón, todo va a salir bien. Explícame...

Mi hijo me habló de cómo el proyecto estuvo viciado desde el inicio porque Gertz tuvo acceso a él y nosotros no. Eso tenía que cambiarse.

También me contó que, al no alcanzar los seis votos, el ministro presidente, Arturo Zaldívar, propuso que se hiciera un nuevo proyecto. Este, pese a mis miedos de que tardara meses o más, salió a los 15 días.

Mis hijos volvieron a visitar las 11 casas, pero cambió algo, que fue determinante y que dio un giro a nuestras esperanzas de justicia: en esa nueva vuelta los ministros les decían que Gertz había ido personalmente varias veces a verlos, pero que no iban a dejarse presionar y que lo resolverían conforme a la ley.

Cuando colgué el teléfono, mis amigas del club de rompecabezas me estaban esperando para saber qué había pasado. Saqué fuerza y cambié mi actitud:

—No se pudo —les conté—, pero voy por otro voto. Aquí no pasa nada, yo les he dicho que esto no se acaba hasta que se acaba y esto no ha acabado.

Entonces me rodeó un grupo de cuatro.

—Pero ¿qué pasó? —No entendían.

—Yo tampoco entiendo nada —dije con tono de desenfado, que se fue convirtiendo en palabras ahogadas en mi garganta—. No me voy.

Mis amigas me abrazaron, me consolaron, comenzaron a llorar y saqué lo que me ha mantenido fuerte todo este tiempo.

—A ver, pendejas, aquí la única que tiene derecho a llorar soy yo. Si no me fui hoy es porque todavía me quedan muchas cosas por hacer en la cárcel. No he terminado de estar con ustedes —les dije—. Cuando llegué aquí, les dije que mi espíritu estaba afuera, lo único que está aquí es mi cuerpo. Que les quede muy claro. Y cuando yo me vaya, va a estar mi cuerpo afuera, pero voy a estar con ustedes… A ver, los rompecabezas, no se hagan las locas. No crean que ya se acabó, apenas son las tres de la tarde y nos faltan dos horas.

Mi amiga Mara nada más me veía desde la mesa haciendo una seña con el dedo en la cabeza como diciendo: estás totalmente loca.

---

El día en que la Corte estaba por discutir el segundo proyecto la propuesta se había difundido días antes, y fue de conocimiento público que proponía darme un amparo liso y llano.

Antes de la primera sesión, que fue el 14 de marzo de 2022, cuando estaba con mi amiga Mara, la secretaria de Acuerdos me mandó llamar a su oficina. Para mi sorpresa comenzó a hablar conmigo.

En tono de fingida confesión me dijo que, en realidad, la jueza 67 en materia penal había sido engañada por Alejandro Gertz Manero. Aseguró que la jueza estaba a punto de contar la verdad, aunque le costara el cargo, porque ella sabía que yo era inocente. Claro, 17 meses después de que yo estuviera presa.

La secretaria encogía los hombros y se tallaba las manos.

Siguió contándome que, cuando la jueza dictó el auto de formal prisión, Gertz Manero había mandado gente para que le comunicara que supuestamente ya había llegado él a un acuerdo conmigo, que yo nada más iba a estar en Santa Martha unos días, que todo estaba arreglado y después saldría.

---

Siguieron 14 días muy difíciles.

Mientras llegaba el segundo proyecto, mi proceso seguía, y el día 17 de marzo yo tuve otra audiencia ante el juzgado, pero ya no asistió nadie de la parte de Gertz y ahí fue cuando la secretaria de Acuerdos me dijo:

—Oiga, la semana que entra la voy a mandar llamar para que platiquemos.

Como que no entendí, pero esto coincidía con la audiencia programada para el día 28 de marzo.

Durante esas dos semanas me preguntaron si quería que me transfirieran a una zona con mayor seguridad, si quería estar sola en una celda y reforzaron todas las medidas de protección posible porque según mis hijos y las autoridades yo estaba en mayor riesgo que antes. Mis hijos temían por mi seguridad.

Las autoridades del penal me preguntaron qué quería; me estaban brindando más protección. Ahí sí me explayé.

—Quiero tener una celda sola y que se venga mi amiga Mara.

Para mi sorpresa sacaron a todas y mandaron a Mara. Ella no se separó de mí esos días para que no me pasara nada; estaba cuidándome.

Cuando estuvimos a solas, me dijo:

—¿Cómo que aún tienes cosas que hacer?

—A ver, ¿ya acabamos de pintar? No. Si yo me voy, ¿quién va a pintar? Nos falta el edificio A, que está horrible. Entonces, vamos a ver hasta cuándo es esto, pero me voy a ir cuando me tenga que ir.

---

A diferencia del primero, el segundo proyecto, a cargo del ministro Alfredo Gutiérrez Ortiz Mena, sí se difundió públicamente antes de discutirlo en el pleno y en él se proponía otorgar un amparo liso y llano a mi madre y a mí, por separado.

El ministro no solo hizo un análisis cuidadoso de la falta de fundamentación con la que la jueza 67 en materia penal ordenó el auto de formal prisión en mi contra, también detectó las incongruencias y aspectos que denotaban una violencia de género al dar por sentado que mi madre tenía que ser responsable de la salud de su pareja.

El proyecto señala que la jueza no fundamentó el auto de formal prisión; es decir, me encarcelaron ilegalmente. Yo siempre había sido inocente.

En la discusión del pleno, aunque no entendía yo mucho, mi amiga Mara y yo estábamos atentas a que los ministros dieran el sentido de su voto y si este iba a favor o en contra. Nos llegaron a confundir algunas de sus disertaciones. Las ministras y los ministros expresaron algunos detalles sobre el proyecto, pero al final sería una victoria para mi familia y para mí.

Votaron los 11 ministros por unanimidad mi inocencia. Nunca cometimos un delito, además de que no existía en el Código Penal. Así de grave la denuncia de quien debía procurar la justicia: el fatídico Alejandro Gertz Manero.

# ONCE A CERO

Ese 28 de marzo de 2022 desperté a las 9:30 a. m., después de haberme vuelto a dormir tras pasar lista.

—¿No te vas a arreglar? Porque tú te vas hoy —fue lo primero que me dijo mi amiga Mara, todavía acostada en su cama.

—Sí, sí me voy a arreglar, pero son las 9:30 de la mañana.

—¿Vas a hacer ejercicio?

—No, no estoy como para hacer ejercicio. Estoy muy nerviosa y me voy a fumar todos los cigarros que me quedan. —Eran como 18 cigarros.

Estaba yo en pijama todavía, vistiendo mis pants, cuando escuché el grito.

—¡Cuevaaaas Moráááááán!

«¿A las 9:30 de la mañana?», pensé.

—¡Cuevas Morán! —insistió el grito.

Nos miramos al escuchar ese segundo llamado.

—Quédate encerrada y yo bajo por tu papeleta —me dijo, y bajó corriendo.

Cuando regresó me dijo que me llamaban en juzgado.

—¿Juzgado?, pero ¿qué tengo que ver yo en juzgados?... ¿Sabes qué? Me voy en pijama —le dije a Mara.

Me puse los tenis sin haberme puesto calcetines y me acompañó mi amiga. En el camino me encontré al comandante Jaramillo, alguien muy importante que raramente iba a Santa Martha.

—Oiga, Alejandra, ¿por qué usted, que siempre está tan guapa, y que ya se va hoy, aún no está arreglada?

—Hoy vamos a ver qué pasa. Y si me voy, me voy en la noche —le contesté todavía bromeando.

—Pues apúrese porque la están esperando.

Mis dudas crecieron. Cuando llegamos al juzgado me dijo la secretaria:

—Alejandra, usted que siempre anda tan bonita, ¿qué le pasó?

—Yo siempre estoy muy arreglada, aunque no lo crea —le respondí con la confianza de siempre.

—La mandé llamar para que vea el fallo de la Suprema Corte —me avisó.

Dudé. Luego volteó la computadora y me preguntó:

—¿La ve bien?

—Pero ¿por qué? —Seguía incrédula por su actitud.

—¿Pues no se acuerda qué le dije?

Ahí fue cuando pensé: «Aquí hay gato encerrado. ¿De cuándo a acá me mandan llamar y me voltean la computadora para que la vea? Aquel hombre importantísimo me dice que ya me voy… Aquí ya hay línea».

Para entonces ya eran las 11 de la mañana. A continuación le dije a la empleada del juzgado:

—Pero esto empieza a las 12 y falta una hora.

—No, pues para que se quede aquí tranquilita.

—¿Sabe qué? Yo no me puedo quedar aquí, tengo que ir a arreglarme.

—No, Alejandra, yo no la puedo dejar ir —me respondió con tono amable.

—¿Cuánto tiempo me da?

—Le doy 45 minutos. Si en 45 no regresa…

—En media hora estoy de regreso —le dije y salí corriendo con mi amiga.

---

Llegamos a la celda. Había una cubeta con agua calentándose; era de una de mis compañeras que me dijo:

—¡Báñate con mi agua!

Como las mujeres sabían que podría irme ese día comenzaron a ayudarme muy solidariamente. Mientras una sacaba mi ropa, otra me ayudaba a ordenar mis cosas. Solamente no me mojé el pelo porque un día antes había tenido visita y traía mis chinos. Todo mundo me dijo después que había salido guapísima; pero eso fue posible gracias a ellas.

Regresé con mi amiga de vuelta al juzgado. Como a esa área no nos permitían entrar comúnmente Mara tuvo que insistir con la custodia.

—Yo tengo que entrar porque Alejandra corre riesgo —le dijo muy segura—. Háblele a Jaramillo, él me dio permiso. —Así se le puso al brinco a las custodias y así fue como finalmente entramos las dos.

La secretaria de Acuerdos me recibió como si estuviera llegando a un desayuno con sus amigas y no me dio un abrazo porque hubiera sido demasiado.

Yo estaba tranquila con haber vuelto. Llevaba mi cuaderno, una botella de agua para analizarla afuera y que conocieran la mala calidad y de qué color era el agua en Santa Martha, y una resistencia porque yo quería que mis hijos y mis nietos se bañaran con agua de una cubeta. Eso fue lo único que saqué.

La sesión de la Corte empezó y nadie de las que estábamos ahí entendía nada. Los ministros empezaban con cosas como: «Yo estoy de acuerdo con el proyecto, sin embargo...» o «Estoy de acuerdo con el proyecto, peeero...». Y yo decía: «¿Están o no están de acuerdo con el proyecto?». Ya me habían contado mis amigas que habían visto la sesión del 14 de marzo y que no se entendía, así que llegué mentalizada de que sería complicado entender. Le tuve que preguntar a la secretaria de Acuerdos.

—¿Eso qué quiere decir? —le preguntaba.

Después de un rato le dije:

—Oiga, dígame una cosa. Yo tengo ya cinco votos, de hace dos semanas. Necesito un voto más para irme. —Mis hijos me habían dicho que con ocho votos lográbamos jurisprudencia, pero yo solo quería que me sacaran e intenté aclarar mi duda—. Yo nada más necesito un voto, ¿verdad que sí? —le pregunté ilusionada.

Pero ella, que siempre había sido muy amable conmigo, en ese momento dejó de serlo y me contestó:

—No, Alejandra, este es un proyecto nuevo, usted está en ceros.

—¿Cómo que en ceros?

—Sí, como es un proyecto nuevo, usted puede quedar 11 a cero.

—¿Quiere decir que me puedo quedar?

Sudor frío.

—Sin duda.

Y un abismo de nuevo frente a mí.

—¿De verdad me puedo quedar?... Mire, hoy es lunes y yo no tengo problema en quedarme una semana más porque tengo que acabar de pintar, pero los que ya no van a aguantar son mis hijos. Ya no se puede hacer más, esto está totalmente manipulado. —En ese momento estuve a punto de descontrolarme—. ¡Esto no puede ser!

En ese momento mi amiga Mara me llamó la atención y me dijo:

—A ver, Alejandra. Tú durante un año y cinco meses siempre me has dicho que la cabeza domina las emociones. Te está torturando esta hija de la chingada. Haz lo que me has enseñado todo este tiempo, que ahorita te está fallando. Cierra los ojos, respira, ten confianza y te vas a ir porque mi panza me lo dice.

Mara decía eso, que su panza se movía cuando algo importante iba a pasar.

—Te vas a ir, pero te estás poniendo muy mal —continuó—. No le creas. De nada ha servido lo que me has enseñado si ahorita te estás hundiendo.

Cerré los ojos, comencé a respirar y a aceptar que iba a pasar lo que iba a pasar.

«Yo me voy a ir», me dije. Respiré, solté el aire, respiré.

Cuando me sentí más tranquila y regresé a mi centro le dije a la secretaria:

—¿Cómo la ve que sí voy a salir? Aun con todo lo que usted me diga, voy a salir.

Le pregunté a Mara cómo iba la votación.

—Vamos tres, Ale —respondió con mesura.

Las dos estábamos muy nerviosas.

—Vamos cuatro —dijo cambiando su tono, subiendo la voz.

Era el momento.

—Vamos cinco… —anunció casi de puntitas y conteniendo la respiración, contrayendo todo el cuerpo de la emoción.

Respiré con fuerza.

Vi a mi amiga frente a mí, sus manos, sus ojos y la esperanza en ellos. Vi a la secretaria y su rencor, las paredes detrás de ella, los muebles desgastados rodeándola, la prisión entera a su alrededor con sus cuartos, sus celdas, sus torres y sus túneles. Vi cómo en ese lugar horrible también llegaba la luz del exterior, y cómo, pese a todo, a veces resistir es calentar agua y darse un baño en medio de tanta hostilidad y frío, tal vez por eso, pensé, se llama resistencia a ese aparato que ahora llevaba conmigo. Pensé que la vida siempre está cambiando, a cada segundo, a cada parpadeo.

«Yo me voy», me dije convencida y solté el aire de mis pulmones muy suavemente.

—¡Seis votos! —gritó mi amiga.

---

Claro que se llegó a los seis votos; de hecho, la votación terminó con 11 votos a favor y cero en contra. Yo me iba. Mis hijos gritaron de emoción en la Corte; ahí mismo un reportero les aclaró que el primer amparo que estaban discutiendo era el de mi madre y que también iban a votar mi amparo. Nada cambió, y la votación también quedó 11-0 a nuestro favor.

Pensé en volver a mi estancia para despedirme de mis amigas, pero cuando iba saliendo se me acercaron las custodias.

—¿Qué pasa? —les pregunté.

—Se tiene que ir.

—Sí, ¡ya me voy! —les grité, tratando de abrirme paso para regresar a mi estancia—. Nada más voy a mi estancia con mis amigas y ahí me avisan cuando tenga que bajar.

—No, se tiene que ir ahorita.

—No, no me puedo ir ahorita porque mis hijos están en la Suprema Corte, tengo que esperar a que vengan. Afuera no hay nadie con quien me vaya. Yo no me puedo ir.

Dentro del penal, nunca pensé que diría que no me quería ir. No tenía con quién salir, pero ahí ya había varias personas de la Corte presionándome.

—Usted se tiene que ir inmediatamente.

—Ahora —dijo otro.

—¿Ahorita, ahorita ya? ¿Así como estoy? —les pregunté para ganar un poco de tiempo.

Me llevaron al servicio médico. Ahí se me apareció el subsecretario de Seguridad Pública de la Ciudad de México. Todo se volvió más apresurado.

—Usted ya se va —me insistieron ya de manera tajante.

Y me aventaron a la calle.

Cuando me acercaba a la salida le di a mi amiga Mara un fuerte abrazo y con la voz entrecortada le dije que no tuviera duda de que la sacaría de la cárcel y que tenía que ocupar mi lugar para seguir pintando la cárcel, seguir con el taller de rompecabezas y el ejercicio. Desde que llegué a Santa Martha siempre supe que al salir ayudaría a liberar a quienes no deben seguir presas y, al día de hoy, 23 de julio de 2023, hemos podido liberar a 11 personas.

---

Nunca un recorrido fue tan importante en mi vida. Caminé a la salida y cuando llegué al umbral, me detuve un instante. Di un paso y estaba libre.

No imaginé que habría un ejército de periodistas afuera de Santa Martha. Daba por hecho que la mayoría estaría con mis hijos en la Suprema Corte esperando el veredicto. Me equivoqué.

Afortunadamente, en la Corte el abogado le dijo a Alonso que, por cualquier cosa, él se iba a adelantar a Santa Martha. Cuando salí lo reconocí y me fui con él.

Luego me encontré con mis hijos en un estacionamiento.

En cuanto paró la camioneta, Gonzalo me abrió la puerta y me dijo:

—Lo logramos. ¿No que no?

Alonso se acercó y nos abrazamos los tres.

—Te vimos muy bien en tu discurso —dijo Gonzalo.

—Nos enteramos de que ya habías salido, íbamos para la cárcel; saliste de volada —comentó Alonso.

Levanté la mirada y no veía a Ana Paula.

—¿Dónde está Ana Paula?

Al instante sentí su abrazo, luego la vi y ella me dijo:

—Te lo prometimos.

—Sé que me lo habían prometido —le respondí—, pero no sé cómo lo lograron.

Nos abrazamos los cuatro.

Estando ahí con ellos, todos abrazados, no podía creer que era libre. Muchas veces pensé que me quedaría en la cárcel; esto nunca se los dije a mis hijos, pero tuve un temor mortal de Alejandro Gertz Manero y su poder, y de su determinación que no se detendría hasta que exterminara a toda mi familia.

Pero tampoco les dije que, desde la primera vez que me dijeron que no me dejarían, supe que cualquier situación que atravesáramos, por más terrible que fuera, solo nos haría más fuertes. Sabía que nuestra familia se sobrepondría a cualquier venganza criminal, que cualquier arrebato de ira y deseos de hundirnos en la cárcel se golpearía contra nuestra voluntad de justicia, contra las exigencias de verdad, contras las marchas, los mítines y los llamados a la sociedad, contra el infranqueable cariño de unos hijos que buscan la libertad de su madre, enjuiciada y encarcelada ilegalmente. No se los dije con palabras, pero abrazada a ellos espero habérselos hecho sentir.

# EL EXILIO

Había recuperado mi libertad, pero no la tranquilidad. Ni yo ni ninguno de mis hijos lo había logrado. Aquella paz la perdimos desde que la pesadilla había comenzado, y fue algo que no recuperamos; fue algo que para siempre se nos arrebató.

¿Y si fuésemos objeto de una nueva venganza de Alejandro Gertz Manero y su gente? Si ya habían podido torcer la ley para cometer una justicia tan grande, ¿quién podría asegurarnos que no podría volver a ocurrir?

Tras mi salida de Santa Martha decidimos, muy a nuestro pesar, salir del país lo más pronto posible.

En cuanto llegué a mi casa, no hubo reposo; comenzamos a disponer todo para lo que sería un exilio triste y lleno de coraje. Mi madre no viajaría con nosotros.

Quince días después estábamos preparados.

—Tenemos que despedirnos ya —me dijo Alonso cuando visitamos la casa de mi madre.

Asentí. Yo pensaba que, si mi madre había aguantado el tormento de mi encarcelamiento, había atravesado el terror de las demandas y las extorsiones, había salido adelante de su operación tan delicada, esa despedida era solo una pausa más en nuestra convivencia.

—Mamá, despídete sabiendo que podría ser la última vez que lo hagas —remató Alonso con un tono amoroso que no dejaba de lado su determinación analítica que siempre lo hace pensar en todo y adelantarse a cualquier situación.

Sus palabras llegaron hasta mi corazón y me hicieron consciente de todo lo que habíamos perdido y seguiríamos perdiendo debido a la venganza de un hombre obsesionado con hacernos daño y el poder. ¿Volvería a ver a mi madre?

Comencé a llorar y me senté junto a mi madre.

Ella era un bastión que a sus 96 años de edad lucía inquebrantable, sólida como una montaña que brinda su apoyo cuando más se le necesita, y que a la distancia siempre está presente demostrando empatía y resolución.

—Mamá… —titubeé.

Fue un momento de gran duda, de trastabillar, pero fueron sus palabras un nuevo aliento que nos mantuvo firmes en nuestra decisión. Mi madre nos dijo que lo primordial era la seguridad y que si teníamos que salir del país para ello, lo hiciéramos sin tardar ni un minuto más.

La miré tratando de guardar en mi memoria cada detalle de su rostro, de su mirada, de sus manos, de su perfume, de cada gesto que hacía. Fue un adiós complicado, más doloroso que aquellos que viví en Santa Martha cuando tenía que separarme de mis seres queridos en la «Y», pero también lleno de esperanza, a diferencia de lo que pasaba en el encierro.

Ella se mantuvo firme. Sin llorar. Con la misma fortaleza que siempre la ha caracterizado y que sale a relucir justo en los momentos en que todas las personas a su alrededor parecen sobreponerse. Pero era esa determinación por mantenerse a flote y luchar con más energía, pensé, la que florecía en mí y mis hijos, cuando todo lucía más adverso.

Si hoy podemos estar juntos de nuevo, había sido por la determinación de toda nuestra familia, que cada miembro, en su momento, tuvo que sacar a relucir.

Aquella fue una despedida que me hizo pensar que también mantenerse fuerte para las personas que quieres cuidar es una forma de quererlos.

Fue así como salimos exiliados de México. Sin seguridad y con la triste certeza de que en nuestro país no se puede confiar en el sistema de justicia. Salimos perseguidos por una sombra de terror.

# GRACIAS A MIS LEONES

Ana Paula es mi hija mayor y, más que mi hija, es un pilar en mi vida. Nos confiamos todo. Desde niña todo lo hacía perfecto, desde el karate hasta el *ballet*, o si tocaba a Piazzolla en el acordeón. Una persona extremadamente detallista que siempre está ayudando a los demás. Es una gran amiga, hija y hermana.

Es la menos impulsiva de los tres, y aunque hubo etapas en las que la pasó muy mal, siempre la sentí entera. También tuvo crisis personales que se le manifestaron con problemas de salud: tiroides, estrés, tristeza. Todo eso la llevó a un punto de colapso.

Ella también es madre y todo lo que vivimos estaba afectando la vida de mis tres nietos: Paola, Manola y Pedro. Cuando sus hermanos me dijeron que tenía problemas de salud hablé con ella por teléfono y le dije que no se preocupara, que ella podía bajarse del barco, tomarse un tiempo y dedicarse a su familia, pero su respuesta fue no, me dijo que no descansaría hasta sacarme de ahí.

Ella se encargaba de la logística de las visitas y de que no me faltara nada. Organizaba todo lo que me enviaban para comer. Sus amigas Isabel y Lucía Marina, cada semana, enviaban algo nuevo y con base en eso definía qué hacía falta, si tenía que incluir más proteínas o más vegetales o carbohidratos.

Ana Paula fue un puente y un tesoro invaluable con las amistades que me visitaron durante 17 meses, en los que me enviaban desde flores hasta libros. Entre las cosas que me enviaba mi hija había siempre tarjetas con pensamientos constructivos, chocolates, flores y, lo más importante, todas las cartas impresas que mis amigas enviaban. Cuando fue Navidad, me mandaron desde un reno hasta un Santa Claus. Cuando fue Pascua, me dieron un conejo y calacas en Halloween. También me mandaban aceites esenciales y siempre había un detalle de ella para que la recordara, que me reconfortaba y me hacía sentir más cerca de ella.

---

Alonso es el que tiene el carácter más parecido al mío. Era muy desobediente y retador. ¡Es como yo! No podía decirle: «No hagas eso», porque me respondía: «Dame una razón para que no lo haga». A Alonso le pueden decir 20 veces que no se puede y él lo intenta 21.

Es un comunicador nato, desde niño argumentaba todo lo que se le presentaba, planeaba sus días y, en muchas ocasiones, escribía y me dejaba los mensajes en el lavabo con un conejito de chocolate. Siempre pensé que los textos los copiaba de algún libro, nunca se lo dije, hasta que vi sus tareas y me di cuenta de que era un escritor.

Algunos años se desempeñó como abogado y cuando cumplió 30 años, de un día para otro decidió que se iba de México porque, según me dijo, conseguiría trabajo como escritor.

No lo podía creer, pero como es de ideas fijas al mes estaba viviendo fuera de México y en cuestión de semanas, para la sorpresa de todos, estaba trabajando en la televisión; años después me contaría que cuando se sentó por primera vez en el foro de televisión y comenzó a debatir supo a lo que se dedicaría el resto de su vida, y así fue.

Entrevistas a premios nobel, diálogos con presidentes, experiencias en un portaviones de guerra en medio del mar, caminatas con una caravana de inmigrantes, conducir unidades de investigación, noticieros y reportajes con los que ganó cinco premios Emmy.

La decisión que tomó a los 30 años, y que para muchos fue una locura, es precisamente la que le cambió la vida.

Fue el primero en visitarme y quien me enseñó la respiración que mantuvo mi aliento de esperanza vivo. Todos los días, al 10 para las cinco, yo sentía la necesidad de irme al jardín, de ponerme en el mismo lugar donde había estado con Alonso, de recordar la convicción con la que me pidió que le prometiera que haría estas respiraciones. Nunca fallé, al hacerlas sabía que mi alma estaba conectada con la suya.

---

El más pequeño de mis hijos es Gonzalo, mientras narro esto él tiene 37 años, es el más joven. Estudiaba poco y se sacaba 10, era defensa en la selección de futbol de su escuela, cinta negra en karate, ingeniero, aprehensivo y con un corazón bondadoso.

Siempre ha sido muy bueno con la tecnología, cualquier cosa la resuelve, no es cariñoso, pero las pocas veces que lo demuestra vale la pena la ausencia previa. Las emociones siempre están ahí, aunque piensa que las controla; quiere aparentar que es muy fuerte, pero es, como diría Julio Iglesias, «un sentimental».

Él estaba conmigo cuando me arrestaron y vivimos juntos el terror de la persecución, en la que pensamos que nos iban a secuestrar. Sé que siempre se sintió responsable, pero en realidad nadie podría detener mi encarcelamiento; sin embargo, él sintió culpa por no poder impedir que me llevaran arrestada.

Antes del arresto, siempre que llamaba al celular de Gonzalo era un milagro que respondiera, continuamente le reprochaba que para qué tenía un teléfono si no lo contestaba. Al ingresar a Santa Martha, él era el contacto con sus hermanos, y cada vez que yo lo llamaba respondía sin falla y me ayudaba a enlazar a sus otros hermanos para platicar los cuatro.

Hoy recuerdo una de sus visitas:

—Gonzalo, debes tener cuidado porque cada vez le están pegando más fuerte al Gobierno —le dije—. Están contra el hombre más poderoso y es capaz de todo, me preocupa su seguridad.

Mi hijo me abrazó, sostuvo mis manos entre las suyas y me dijo mirándome con ternura y determinación:

—Mamá, si me matan será un honor morir por ti.

Sentí un golpe en el estómago.

—Nunca vuelvas a decir eso. Aquí nadie se muere —le respondí.

---

Julieta, una gran amiga me dijo que yo y mis hijos éramos como cuatro corazones con una sola cabeza. Cuatro corazones que laten a ritmos distintos, pero están siempre conectados. Eso es lo que siempre sentí, pero aquellos días en Santa Martha lo percibí con una intensidad indescriptible.

Una de las Navidades que pasé en la cárcel hablé con mi exesposo, Miguel, que durante 37 años de matrimonio fue un hombre excepcional. Sus cualidades no cambiaron; al contrario, se intensificaron con mi arresto.

Miguel es un intelectual, le gustan el silencio, los libros, la música y la soledad. La cultura y los valores siempre han regido su vida. Es un hombre de una pieza. Mis hijos no pudieron tener mejor ejemplo. En una de las Navidades, mientras estaba en la cárcel, me dijo por teléfono:

> *Es algo impresionante ver lo que te quieren tus hijos, yo nunca he visto un cariño y una entrega de tres personas de la manera como estoy viéndolos luchar; son seres extraordinarios que están dando la vida por verte salir.*

Saber que tengo tres hijos con convicciones sólidas y un valor inquebrantable me llena de orgullo. Tres seres humanos que sacudieron al país de cabeza para que yo pudiera recuperar mi libertad.

# LÍNEA DE TIEMPO

1. 2015. Laura Morán Servín, madre de Alejandra Cuevas Morán, contrata para Federico Gertz Manero a un equipo de cuidadores profesionales. Él vivía con marcapasos, una vista deteriorada y con síntomas de deterioro mental.
2. 4 de agosto de 2015. Federico sufre una caída, se golpea la cabeza y se hace una herida sangrante; pese a ello, sale a la calle —como obra en el expediente— en compañía de su hermano Alejandro Gertz, a «ver a unas gentes que tenían citadas».
3. A partir de ese momento Federico empeora y Laura lo lleva a tres médicos: Soberones, Perusquía y Cortés. Se realizan estudios médicos, se compran los medicamentos indicados por los doctores, se rentan tanques de oxígeno.

4. 24 de agosto de 2015. Laura llama a Alejandro Gertz para decirle que Federico no mejora. Alejandro decide hacerse cargo de su hermano, enviando al doctor Mancilla Nava y al doctor Aguirre, que trabajaban para él en la Universidad de las Américas, CDMX.
5. Paralelamente, Alejandro Gertz contrata los servicios del doctor Cenal, a quien calificó como «el mejor geriatra de México». Todos los testigos concuerdan con esta situación y, en forma particular, con que Alejandra solo fue vista en tres ocasiones en esos días, y solo acompañó una vez a Laura a llevar a Federico con un médico.
6. 29 de agosto de 2015. Alejandro Gertz irrumpe en el domicilio de Laura sin contar con orden de cateo. Lo acompaña su abogado Juan Ramos y personal del Ministerio Público. Le comunica a Laura que la ha denunciado por intento de homicidio y secuestra a Federico de su casa para internarlo en el Hospital ABC.
7. 27 de septiembre de 2015. Federico Gertz muere en el hospital en el que fue ingresado por su hermano. Laura fue amenazada de arresto si se presentaba en el hospital y nunca volvió a ver su pareja después de 62 años juntos.
8. Alejandro Gertz también denunció a Laura Cuevas y a Alejandra Cuevas por el presunto homicidio de Federico, acusándolas de omisas en sus cuidados, y contradiciendo los hechos, ya que Federico fue

atendido en todo momento por médicos designados por el fiscal.

9. Alejandra Cuevas nunca vivió con su madre y Federico, así que no existía una razón legal para atribuirle tal obligación, la cual sí tenía el propio Alejandro Gertz y sus hijas, una de las cuales iba prácticamente a diario a visitar a su tío, Victoria Gertz Loizaga, junto con su esposo, Julián Antuñano, y vivía enfrente de la casa de Federico.
10. Tras la muerte de Federico, el único beneficiario fue Alejandro Gertz, quien obtuvo una herencia millonaria al ser su heredero universal.
11. Durante los siguientes cinco años, la denuncia presentada por Alejandro Gertz fue desestimada en dos ocasiones por no existir elementos que acreditaran la existencia del delito. Además, denunció a los que integraron la averiguación, quienes fueron capturados y procesados por el delito de negación del servicio público en pandilla. «Fue con saña contra nosotros. Nos tuvimos que ocultar», dijo uno de ellos para *El País.*[2]
12. 2019. Alejandro Gertz es nombrado Fiscal General de la República. El expediente del caso enviado a la Fiscalía de Investigación Estratégica de Asuntos Especiales y el caso se reactivan. Cambia de criterio,

---

[2] https://elpais.com/mexico/2021-10-07/el-fiscal-de-ciudad-de-mexico-que-archivo-la-denuncia-por-homicidio-del-hermano-de-alejandro-gertz-fue-con-sana-contra-nosotros-nos-tuvimos-que-ocultar.html.

se procesan a Laura de 94 años y a Alejandra de 68 años, pero Laura Cuevas es apartada del caso.

13. 21 de septiembre de 2020. El abogado Jiménez O'Farrill le llama a Alejandra Cuevas para renunciar a su defensa, ya que las amenazas en su contra se agravaron. Le pide buscar defensa y hablar con Fernando Díaz Castañares (esposo de Regina Castillo Cuevas, su sobrina).
14. 23 de septiembre de 2020. Fernando Díaz les dice a Alejandra y a su hijo Gonzalo que el fiscal quiere recuperar objetos diversos pertenecientes a Laura y Federico, los cuales fueron entregados al día siguiente a Fernando.
15. 12 de octubre de 2020. Segunda reunión con Fernando Díaz, quien solicita objetos (cuadros, plata, esculturas) y dinero de dos cuentas bancarias mancomunadas de Laura y Federico para Alejandro Gertz. Nada de lo entregado le corresponde a Gertz (según testamento).
16. 14 de octubre de 2020. O'Farrill, abogado de Laura y Alejandra, entrega el expediente y desaparece.
17. 16 de octubre de 2020. Alejandra Cuevas es detenida y trasladada al reclusorio de Santa Martha Acatitla estando amparada.
18. 19 de octubre de 2020. La jueza 67 en materia penal, Marcela Ángeles Arrieta, de la CDMX, dicta auto de formal prisión en contra de Alejandra Cuevas.
19. Con Alejandra Cuevas en prisión, Laura Morán entrega todo lo que el fiscal pide por temor a represalias en contra de su hija.

20. 13 de noviembre de 2020. Laura Morán entrega un cheque de caja a nombre de Alejandro Gertz y la renuncia a la pensión que el propio Alejandro, como albacea, está obligado a cumplir.
21. 26 de noviembre de 2020. Los hijos de Alejandra Cuevas, Gonzalo y Ana Paula, llaman al fiscal. En la llamada, Alejandro Gertz reconoce el vínculo con Alfredo del Mazo y exige un documento en donde los tres hermanos se incriminen por un delito inexistente y les pide que se reúnan con Juan Ramos, el subprocurador.
22. 30 de noviembre de 2020. Gonzalo y Ana Paula se reúnen con el subprocurador en la FGR y este les exige el documento requerido por el fiscal. Al no querer entregarlo, el subprocurador se enoja y cesa toda comunicación.
23. 22 de febrero de 2021. El magistrado a cargo de resolver la apelación, Octavio Israel Ceballos Orozco, confirma el auto de formal prisión y hace afirmaciones atípicas que no corresponden con lo que obra en el expediente.
24. La defensa de Alejandra Cuevas y Laura Morán ingresó amparos indirectos, ambos a cargo de Patricia Marcela Díez Cerda, jueza 5.° de Distrito de Amparo en materia penal. Ambos amparos fueron ganados a principios de septiembre de 2021.
25. Finales de septiembre de 2021. La FGR, mediante el Ministerio Público de la Federación, adscrito al Juzgado 5.° de Distrito de Amparo en materia penal,

impugna los amparos. Algo que no se puede hacer ya que, al ser un asunto penal local, no se afectan los intereses de la federación. Asimismo, Alejandro Gertz impugna los amparos, contrastando con lo que dijo en entrevista con Ricardo Raphael, en la que consideraba injusta la prisión para Laura Cuevas. El plan de Gertz Manero es encarcelar a toda su familia.

26. El caso es revisado por el Primer Tribunal Colegiado en Materia Penal del Primer Circuito, y se espera que la resolución se dé a conocer el 11 de noviembre de 2021.

27. 8 de noviembre de 2021. Los hijos de Alejandra Cuevas tendrían una videoconferencia con los tres magistrados del tribunal colegiado el 9 de noviembre, pero a las 10 p. m. reciben un correo que comunica lo siguiente: «Sobre la audiencia programada para el día de mañana a las diez horas y por instrucciones de los magistrados integrantes del Pleno de este tribunal, les informo que, por comunicado del Secretario General de Acuerdos de la Suprema Corte de Justicia de la Nación, el mismo día de hoy, el Pleno de dicho alto tribunal, a solicitud de Alejandro Gertz Manero, resolvió ejercer la facultad de atracción para conocer de los amparos en revisión 176/2021 y 177/2021 del índice de este tribunal colegiado y, en razón de ello, requirió que este órgano colegiado: *1)* Suspenda inmediatamente el dictado de las resoluciones que, como es de su conocimiento, estaba

programada para el próximo jueves 11 de noviembre en curso. *2)* Se le remitan dichos expedientes para que sea ese máximo tribunal quien los decida».

28. Los amparos en revisión ahora serían estudiados por la SCJN.
29. Los hijos de Alejandra Cuevas presentan siete oficios a la SCJN para obtener una respuesta sobre el caso. Hay un silencio de dos meses.
30. 10 de enero de 2022. El ministro presidente, Arturo Zaldívar, tiene una visita a la Universidad Iberoamericana. Los hijos de Alejandra Cuevas asisten para preguntarle por la fecha en la que el expediente sería turnado a un ministro ponente. Alonso le pregunta extensamente al ministro presidente qué está pasando con el caso y con todo lo relacionado a los oficios y al silencio. Ana Paula decide acercarse al ministro presidente y rogarle de rodillas que les ayude a terminar con la atrocidad jurídica.
31. 11 de enero. Tras lo ocurrido en la Ibero, se asigna a Alberto Pérez Dayán como ministro ponente para estudiar y resolver los amparos en revisión.
32. Los hijos de Alejandra Cuevas visitan a todos los ministros en diferentes días dentro de la SCJN.
33. Principios de marzo de 2022. Se filtra una llamada del fiscal con Juan Ramos sobre el proceso judicial. En el audio, publicado por una cuenta anónima en internet, se escucha al procurador decir que ya tiene en sus manos «el proyecto de Pérez Dayán», además de mencionar que tiene a algunos ministros

en la bolsa y que Víctor Oléa de la BMA debe corregir y cabildear con los ministros el plan para que Alejandra Cuevas permanezca en la cárcel.

34. 14 de marzo de 2022. El ministro Pérez Dayán presenta su ponencia, pero los ministros la rechazan y deciden estudiar el fondo del asunto. Por lo tanto, el expediente es turnado al ministro Alfredo Gutiérrez Ortiz Mena. El estudio sería votado el 28 de marzo.
35. Los hijos de Alejandra Cuevas vuelven a visitar a todos los ministros dentro de la SCJN después del resultado de la primera ponencia y las llamadas filtradas.
36. 28 de marzo de 2022. La SCJN vota la nueva ponencia de Ortiz Mena, con 11 votos a favor y cero en contra. Se decide la liberación inmediata de Alejandra Cuevas y la cancelación de la orden de aprehensión en contra de Laura Morán.
37. Tras 528 días encarcelada ilegalmente, Alejandra Cuevas Morán es liberada de Santa Martha Acatitla.

# ARCHIVO FOTOGRÁFICO

**Federico Gertz, los intelectuales y sociales a todo color**

A la casa de Federico Gertz sólo asisten intelectuales. Es frecuente ver en las fiestas que ofrece el amigo Gertz, figuras de la literatura, pintura y música mexicana. No hace muchos días, Gertz comentó: "A mí no me gustan las páginas de sociales. Pero, tratándose de EXCELSIOR que acaba de publicar su revista 'Plural', no puedo poner ningún 'pero' para que reporteros gráficos de ese gran diario entren a mi casa".

FEDERICO Gertz y Laura Morán

Federico Gertz Manero y Laura Morán.

Laura Morán.

16 de octubre de 2020. Gonzalo el día de la aprehensión afuera de Santa Martha.

Ciudad de México a 13 de Noviembre de 2020

**DR. ALEJANDRO GERTZ MANERO,**
PRESENTE

Alejandro:

Te escribo, esperando hayas recibido las cosas que me mandaste pedir, así como las adicionales que te envié, ya que pensé tienen un gran valor sentimental para ti y tu familia.

Por otro lado, te acompaño un cheque certificado a tu nombre, por la cantidad de tres millones quinientos cincuenta mil pesos, ($3, 550,000.00)

Finalmente, te expreso que renuncio a la pensión que Federico, tu hermano, señalara para mí en su testamento, y te agradezco la hayas depositado hasta ahora.

**Atentamente**

**LAURA MORAN SERVIN**

BanBajío CHEQUE DE CAJA

FECHA 13 de Noviembre de 2020

$ *****3,550,000.00

BANCO DEL BAJIO, S.A., INSTITUCIÓN DE BANCA MULTIPLE

0466:55225030 2:000000180501⑈0703241

BanBajío LIQUIDACIÓN CHEQUE DE CAJA

MEXICO, D.F. 13 DE NOVIEMBRE DE 2020

$ *****3,550,000.00

LA CANTIDAD DE: (TRES MILLONES QUINIENTOS CINCUENTA MIL PESOS 00/100 M.N.)

NOMBRE DEL COMPRADOR: LAURA MORAN SERVIN

DOMICILIO

TELÉFONO

RFC

CURP

| | | |
|---|---|---|
| COMISIÓN | $ | ***********100.00 |
| I.V.A | $ | ************16.00 |
| TOTAL GASTOS | $ | ***********116.00 |
| TOTAL PAGADO | $ | *****3,550,116.00 |

LIQUIDACIÓN COMPRADOR

13 de noviembre de 2020. Laura Morán firmando carta y cheque.

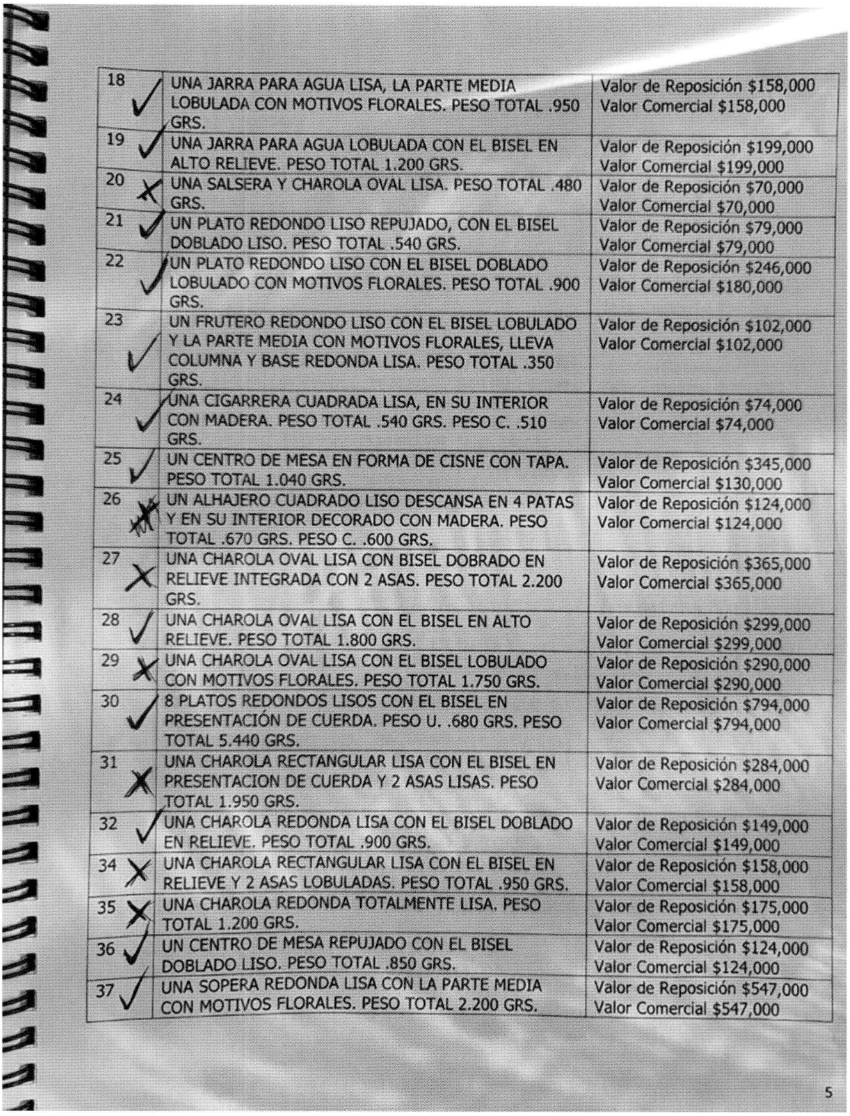

| | | |
|---|---|---|
| 18 | UNA JARRA PARA AGUA LISA, LA PARTE MEDIA LOBULADA CON MOTIVOS FLORALES. PESO TOTAL .950 GRS. | Valor de Reposición $158,000<br>Valor Comercial $158,000 |
| 19 | UNA JARRA PARA AGUA LOBULADA CON EL BISEL EN ALTO RELIEVE. PESO TOTAL 1.200 GRS. | Valor de Reposición $199,000<br>Valor Comercial $199,000 |
| 20 | UNA SALSERA Y CHAROLA OVAL LISA. PESO TOTAL .480 GRS. | Valor de Reposición $70,000<br>Valor Comercial $70,000 |
| 21 | UN PLATO REDONDO LISO REPUJADO, CON EL BISEL DOBLADO LISO. PESO TOTAL .540 GRS. | Valor de Reposición $79,000<br>Valor Comercial $79,000 |
| 22 | UN PLATO REDONDO LISO CON EL BISEL DOBLADO LOBULADO CON MOTIVOS FLORALES. PESO TOTAL .900 GRS. | Valor de Reposición $246,000<br>Valor Comercial $180,000 |
| 23 | UN FRUTERO REDONDO LISO CON EL BISEL LOBULADO Y LA PARTE MEDIA CON MOTIVOS FLORALES, LLEVA COLUMNA Y BASE REDONDA LISA. PESO TOTAL .350 GRS. | Valor de Reposición $102,000<br>Valor Comercial $102,000 |
| 24 | UNA CIGARRERA CUADRADA LISA, EN SU INTERIOR CON MADERA. PESO TOTAL .540 GRS. PESO C. .510 GRS. | Valor de Reposición $74,000<br>Valor Comercial $74,000 |
| 25 | UN CENTRO DE MESA EN FORMA DE CISNE CON TAPA. PESO TOTAL 1.040 GRS. | Valor de Reposición $345,000<br>Valor Comercial $130,000 |
| 26 | UN ALHAJERO CUADRADO LISO DESCANSA EN 4 PATAS Y EN SU INTERIOR DECORADO CON MADERA. PESO TOTAL .670 GRS. PESO C. .600 GRS. | Valor de Reposición $124,000<br>Valor Comercial $124,000 |
| 27 | UNA CHAROLA OVAL LISA CON BISEL DOBRADO EN RELIEVE INTEGRADA CON 2 ASAS. PESO TOTAL 2.200 GRS. | Valor de Reposición $365,000<br>Valor Comercial $365,000 |
| 28 | UNA CHAROLA OVAL LISA CON EL BISEL EN ALTO RELIEVE. PESO TOTAL 1.800 GRS. | Valor de Reposición $299,000<br>Valor Comercial $299,000 |
| 29 | UNA CHAROLA OVAL LISA CON EL BISEL LOBULADO CON MOTIVOS FLORALES. PESO TOTAL 1.750 GRS. | Valor de Reposición $290,000<br>Valor Comercial $290,000 |
| 30 | 8 PLATOS REDONDOS LISOS CON EL BISEL EN PRESENTACIÓN DE CUERDA. PESO U. .680 GRS. PESO TOTAL 5.440 GRS. | Valor de Reposición $794,000<br>Valor Comercial $794,000 |
| 31 | UNA CHAROLA RECTANGULAR LISA CON EL BISEL EN PRESENTACION DE CUERDA Y 2 ASAS LISAS. PESO TOTAL 1.950 GRS. | Valor de Reposición $284,000<br>Valor Comercial $284,000 |
| 32 | UNA CHAROLA REDONDA LISA CON EL BISEL DOBLADO EN RELIEVE. PESO TOTAL .900 GRS. | Valor de Reposición $149,000<br>Valor Comercial $149,000 |
| 34 | UNA CHAROLA RECTANGULAR LISA CON EL BISEL EN RELIEVE Y 2 ASAS LOBULADAS. PESO TOTAL .950 GRS. | Valor de Reposición $158,000<br>Valor Comercial $158,000 |
| 35 | UNA CHAROLA REDONDA TOTALMENTE LISA. PESO TOTAL 1.200 GRS. | Valor de Reposición $175,000<br>Valor Comercial $175,000 |
| 36 | UN CENTRO DE MESA REPUJADO CON EL BISEL DOBLADO LISO. PESO TOTAL .850 GRS. | Valor de Reposición $124,000<br>Valor Comercial $124,000 |
| 37 | UNA SOPERA REDONDA LISA CON LA PARTE MEDIA CON MOTIVOS FLORALES. PESO TOTAL 2.200 GRS. | Valor de Reposición $547,000<br>Valor Comercial $547,000 |

5

Hoja de avalúo para extorsión.

AVALUOS CERTIFICADOS DE MEXICO s.a. de c.v.

AUTOMOVILES
BIENES RAICES
JOYAS
TAPETES
PIELES
ARMAS
MENAJES DE CASA
PINTURAS
ANTIGUEDADES
PLATA
EQUIPOS:
DE SONIDO
MEDICOS
FOTOGRAFICOS
ELECTRONICOS
DE OFICINA
OBJETOS DE ARTE
EN GENERAL

registrados en:
COM. NAL. BANCARIA Y DE SEGUROS.
TESORERIA DEL D.F.
COM. NAL. DE VALORES

miembros de:
·INST. MEX. DE VALUACION A.C.
·AMERICAN SOCIETY OF APPRAISERS
·NATIONAL ASSOC. OF INDEPENDENT FEE APPRAISERS.
·GEMOLOGICAL INST. OF AMERICA.

viaducto miguel alemán nº850
c.nápoles méxico d.f. c.p.03810
687 0149 687 1291
687 9104 687 7800

15.- TAPETE PERSA ANUDADO A MANO ANTIGUO, CON TEMA FLORAL ESTILIZADO EN EL CAMPO PRINCIPAL. EL BORDE EXTERNO E INTERNO DE LA CENEFA PRINCIPAL ES DE ESTILIZADAS FLORES SIENDO FLORAL LA CENEFA. COLORES PREDOMINANTES ROJO Y AZUL, URDIMBRE DE ALGODON TRAMA Y NUDO DE LANA CON 2,000 NUDOS SENNEH POR DM2.
DIM. 1.43 X 1.80 MTS.

VALOR DE REPOSICION $ 395,000.00
VALOR COMERCIAL 395,000.00

AVALUOS CERTIFICADOS DE MEXICO s.a. de c.v.

AUTOMOVILES
BIENES RAICES
JOYAS
TAPETES
PIELES
ARMAS
MENAJES DE CASA
PINTURAS
ANTIGUEDADES
PLATA
EQUIPOS:
DE SONIDO
MEDICOS
FOTOGRAFICOS
ELECTRONICOS
DE OFICINA
OBJETOS DE ARTE
EN GENERAL

registrados en:
COM. NAL. BANCARIA Y DE SEGUROS.
TESORERIA DEL D.F.
COM. NAL. DE VALORES

miembros de:
·INST. MEX. DE VALUACION A.C.
·AMERICAN SOCIETY OF APPRAISERS
·NATIONAL ASSOC. OF INDEPENDENT FEE APPRAISERS.
·GEMOLOGICAL INST. OF AMERICA.

viaducto miguel alemán nº850
c.nápoles méxico d.f. c.p.03810
687 0149 687 1291
687 9104 687 7800

18-A UN RELOJ EN "BOULLE ROJO" CON MENSULA PARA ADAPTAR A LA PARED, SIGLO XIX EN ESTILO LUIS XV, MARCA CHAMPION DE PARIS, LA REALIZACION DE INCRUSTACION DE CAREY COLOREADO Y LATON INCRUSTADO. ORNADO Y REMATANDO CON UNA FIGURA EN LA PARTE SUPERIOR EN BRONCES DORADOS Y CINCELADOS, COMPLETO Y EN FUNCIONAMIENTO

| | |
|---|---|
| VALOR DE REPOSICION | $ 1,250,000.00 |
| VALOR COMERCIAL | 1,250,000.00 |

11.- UN CENTRO DE MESA ESTILO BARROCO MARCA TANE.
PESO TOTAL 1.330 GRS.

VALOR DE REPOSICION $ 532,000.00
VALOR COMERCIAL 532,000.00

12.- UN CENICERO CUADRADO LISO. PESO TOTAL .210 GRS.

VALOR DE REPOSICION $ 31,000.00
VALOR COMERCIAL 31,000.00

13.- UN SIO REDONDO LISO Y EN LA PARTE MEDIA LLEVA
MOTIVOS DE ARABESCOS, LLEVA BASE REDONDA LISA.
PESO TOTAL .190 GRS.

VALOR DE REPOSICION $ 39,000.00
VALOR COMERCIAL 39,000.00

14.- UNA DULCERA LOBULADA Y REPUJADA CON MOTIVOS
FLORALES, LLEVA 2 ASAS. PESO TOTAL .396 GRS.

VALOR DE REPOSICION $ 105,000.00
VALOR COMERCIAL 105,000.00

AVALUOS CERTIFICADOS DE MEXICO s.a. de c.v.

AUTOMOVILES
BIENES RAICES
JOYAS
TAPETES
PIELES
ARMAS
MENAJES DE CASA
PINTURAS
ANTIGUEDADES
PLATA
EQUIPOS:
DE SONIDO
MEDICOS
FOTOGRAFICOS
ELECTRONICOS
DE OFICINA
OBJETOS DE ARTE
EN GENERAL

registrados en:
COM. NAL. BANCARIA Y DE SEGUROS.
TESORERIA DEL D.F.
COM. NAL. DE VALORES
miembros de:
·INST. MEX. DE VALUACION A.C.
·AMERICAN SOCIETY OF APPRAISERS
·NATIONAL ASSOC. OF INDEPENDENT FEE APPRAISERS.
·GEMOLOGICAL INST. OF AMERICA.

viaducto miguel alemán nº850
c.ndpoles méxico d.f. c.p.03810
687 0149 687 1291
687 9104 687 7800

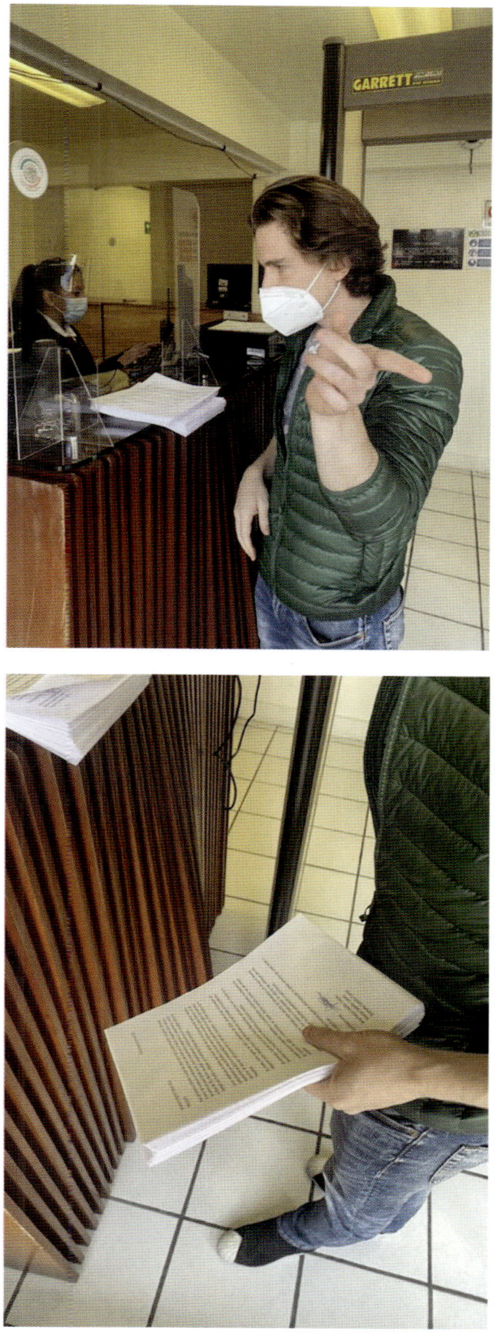


28 de septiembre de 2021. Hijo (Gonzalo) con carta de ayuda a senadores.

SENADO DE LA REPÚBLICA
28 SEP 2021
ADMINISTRACIÓN DE DOCUMENTOS

28 de septiembre de 2021

Senador Ricardo Monreal Ávila
PRESENTE

Nos permitimos distraer su atención para hacer de su conocimiento la situación derivada a partir de la denuncia interpuesta hace seis años por el doctor Alejandro Gertz Manero en contra de Laura Morán Servín, Laura Cuevas Morán y Alejandra G. Cuevas Morán, madre e hijas 94, 70 y 68 años de edad, respectivamente, inicialmente por el supuesto delito de Omisión por Auxilio y, después, por Homicidio Doloso de Concubino.

Como referencia se señala que Laura Morán Servin fue concubina del doctor Federico Gertz Manero por más de 50 años, hermano mayor del denunciante, quien falleció el 27 de septiembre de 2015 en el hospital ABC de esta Ciudad de México, tras haber sido internado durante 29 días por instrucciones de su hermano Alejandro, hoy Fiscal General de la República.

En breve, entre agosto de 2015 y diciembre de 2018, lasdenuncias interpuestas por Alejandro Gertz Manero fueron todas desechadas por las autoridades correspondientes.

Sin embargo, una vez que el doctor Gertz Manero fue ratificado por el H. Senado de la República como Fiscal General de la República, la situación cambió.

A pesar de estar amparada, Alejandra G. Cuevas Morán, nuestra madre, fue detenida el 16 de octubre de 2020, y encarcelada en Santa Martha Acatitla, donde aún permanece recluida.

Hacemos un respetuoso llamado para solicitar su intervención a fin de que la situación descrita sea atendida con justicia e imparcialidad. No está de más mencionar que este procedimiento desigual ha afectado gravemente a nuestra familia.

Le expresamos nuestra gratitud anticipada por la amable atención que pueda brindar a nuestra solicitud.

Cordialmente

Ana Paola Castillo Cuevas
Alonso Castillo Cuevas
Gonzalo Castillo Cuevas

Copia de la carta de ayuda entregada a senadores.

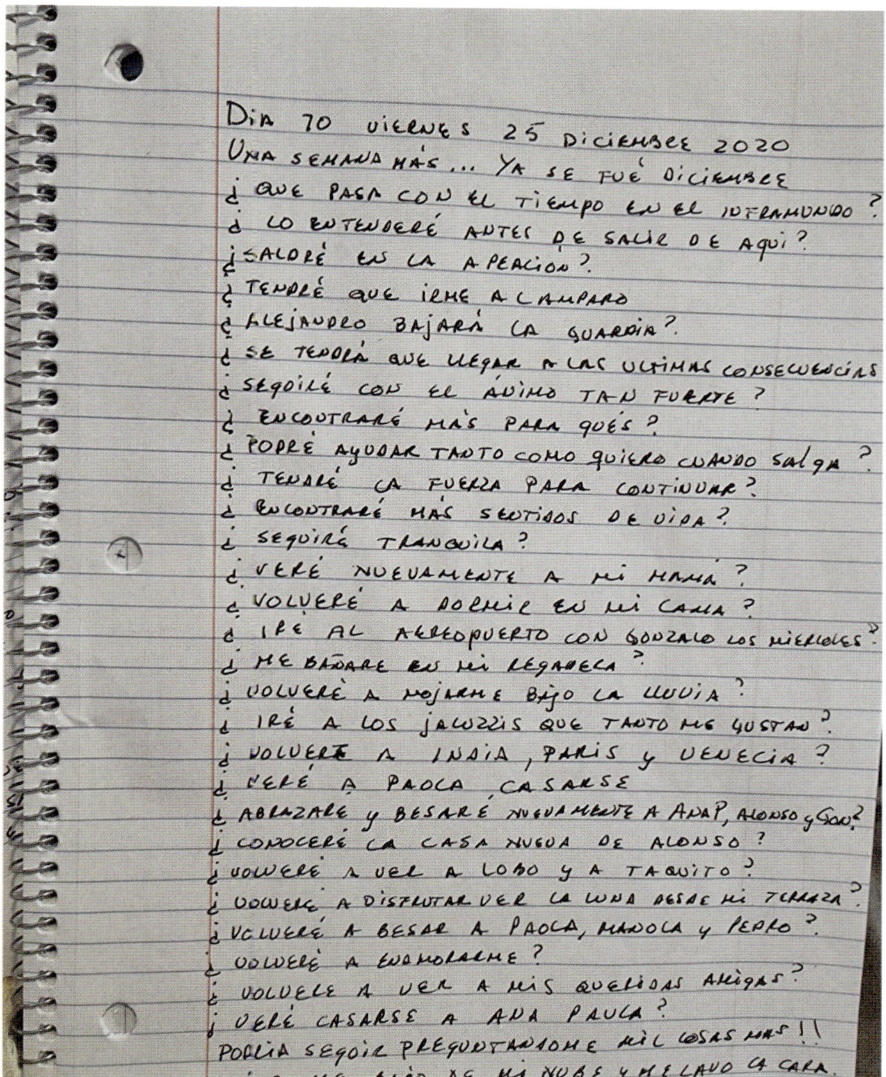

Día 70 viernes 25 diciembre 2020
Una semana más... ya se fue diciembre
¿Qué pasa con el tiempo en el inframundo?
¿Lo entenderé antes de salir de aquí?
¿Saldré en la apelación?
¿Tendré que irme a amparo
¿Alejandro bajará la guardia?
¿Se tendrá que llegar a las últimas consecuencias
¿Seguiré con el ánimo tan fuerte?
¿Encontraré más para qués?
¿Podré ayudar tanto como quiero cuando salga?
¿Tendré la fuerza para continuar?
¿Encontraré más sentidos de vida?
¿Seguiré tranquila?
¿Veré nuevamente a mi mamá?
¿Volveré a dormir en mi cama?
¿Iré al aeropuerto con Gonzalo los miércoles?
¿Me bañaré en mi regadera?
¿Volveré a mojarme bajo la lluvia?
¿Iré a los jacuzzis que tanto me gustan?
¿Volveré a India, París y Venecia?
¿Veré a Paola casarse
¿Abrazaré y besaré nuevamente a AnaP, Alonso y Gon?
¿Conoceré la casa nueva de Alonso?
¿Volveré a ver a Lobo y a Taquito?
¿Volveré a disfrutar ver la luna desde mi terraza?
¿Volveré a besar a Paola, Manola y Pedro?
¿Volveré a enamorarme?
¿Volveré a ver a mis queridas amigas?
¿Veré casarse a Ana Paula?
Podría seguir preguntándome mil cosas más!!
Mejor me bajo de mi nube y me lavo la cara.

Cuaderno de Alejandra Cuevas estando en la cárcel.

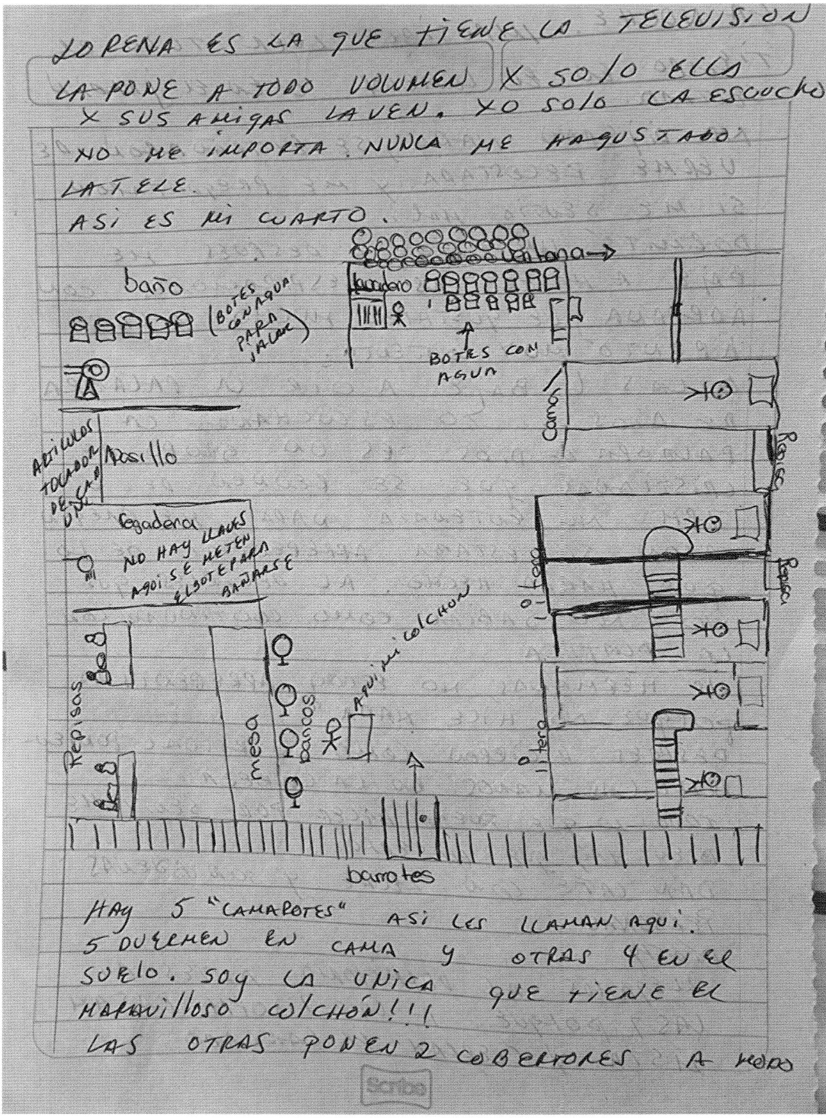

LORENA ES LA QUE TIENE LA TELEVISION
LA PONE A TODO VOLUMEN X SOLO ELLA
X SUS AMIGAS LA VEN. YO SOLO LA ESCUCHO
NO ME IMPORTA. NUNCA ME HA GUSTADO
LA TELE.
ASI ES MI CUARTO.



HAY 5 "CAMAROTES" ASI LES LLAMAN AQUI.
5 DUERMEN EN CAMA Y OTRAS 4 EN EL
SUELO. SOY LA UNICA QUE TIENE EL
MARAVILLOSO COLCHÓN!!!
LAS OTRAS PONEN 2 COBERTORES A MODO

Cuaderno de Alejandra Cuevas estando en la cárcel; dibujo de celda.

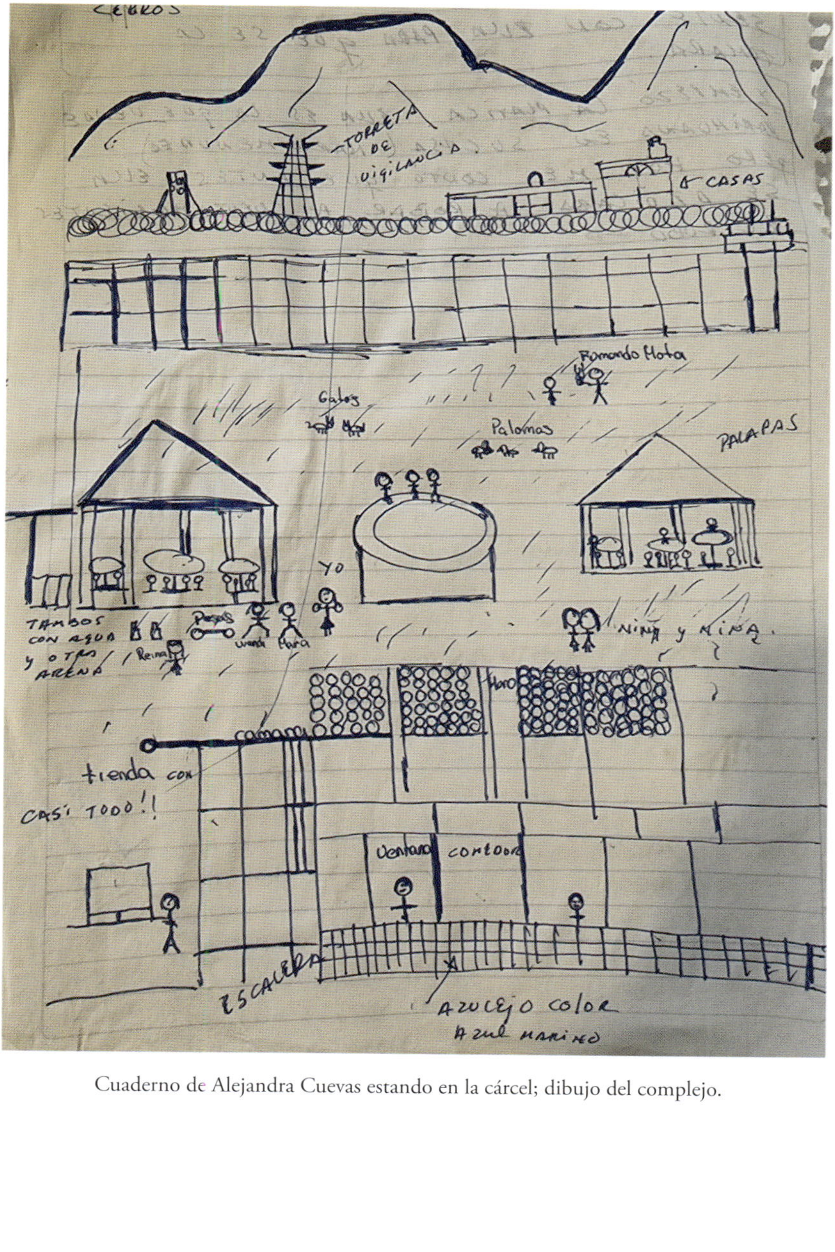


Cuaderno de Alejandra Cuevas estando en la cárcel; dibujo del complejo.

7 de octubre de 2021. Ana Paula en la entrada de Santa Martha.

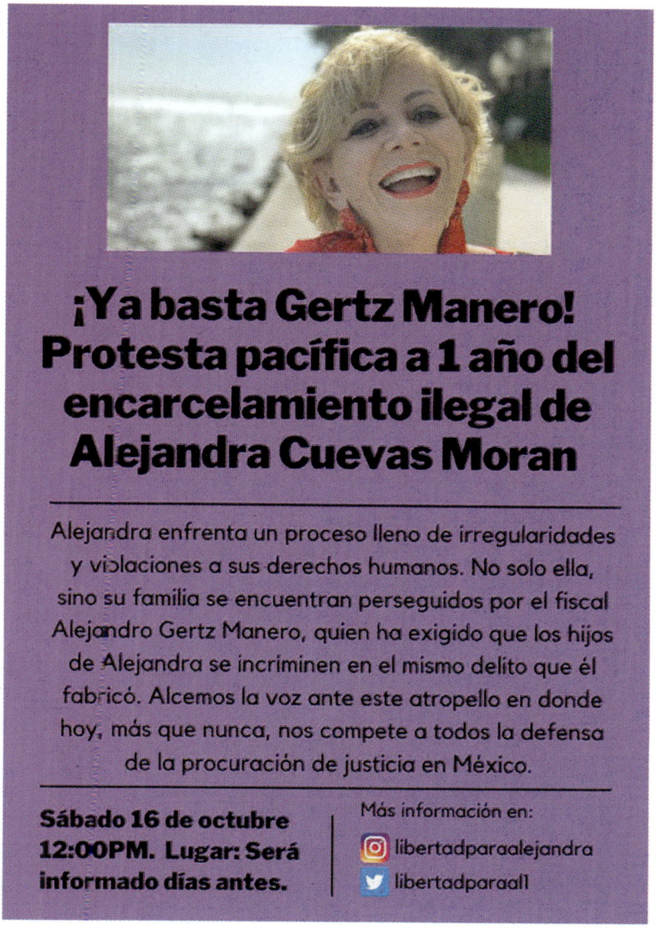

16 de octubre de 2021. Cartel y manifestación (Alonso, Gonzalo y Ana Paula) a un año del encarcelamiento (Alonso con Miguel Castillo Costa, su padre).

NO más venganzas
personales.
FGR debe perseguir
a los delincuentes
¡FUERA GERTZ!
más abusos del
Gertz Manero
No más abusos del
Fiscal Gertz Manero

Ciudad de México, a 22 de octubre de 2021

INVITACIÓN

Estimad@ reporter@ y/o jef@ de información:

Se le extiende una cordial invitación para que nos acompañen a presentar una denuncia en contra del juez décimo de distrito de amparo en materia penal de la CDMX, por el tema del caso de la señora Alejandra Cuevas Morán que lleva un año privada de su libertad injustamente.
La cita es el día 25 de octubre, en punto de las 12:00hrs en la Fiscalía General de la República (Ubicada en Avenida Insurgentes, Número 20 de la, Av. Insurgentes Sur, 06700 Ciudad de México).

Mucho agradeceremos contar con su presencia, así como la de un camarógrafo y/o fotógrafo de su distinguido medio.

Atentamente

Alonso Castillo Cuevas

Favor de confirmar a los correos electrónicos:

libertadparaalejandra@protonmail.com
libertadparaalejandracuevas@gmail.com

25 de octubre de 2021. Invitación, manifestación (Alonso, Gonzalo y Ana Paula) y denuncia funcionarios FGR.

17 de noviembre de 2021. Hijos afuera de la SCJN tras entregarle carta a Zaldívar.

SOMOS LOS HIJOS DE
ALEJANDRA CUEVAS

Fiscal Gertz Manero

SUPREMA CORTE
DE JUSTICIA DE LA NACIÓN
#LibertadParaAlejandra
404 días
ENCARCELADA
ILEGALMENTE
#LibertadParaAlejandra
No más abusos del
Fiscal Gertz Manero

24 de noviembre de 2021. Hijos protestan afuera de la SCJN.

SOMOS LOS HIJOS DE ALEJANDRA CUEVAS MORAN INJUSTAMENTE ENCARCELADA POR EL FISCAL GERTZ MANERO
JUSTICIA PRONTA Y EXPEDITA

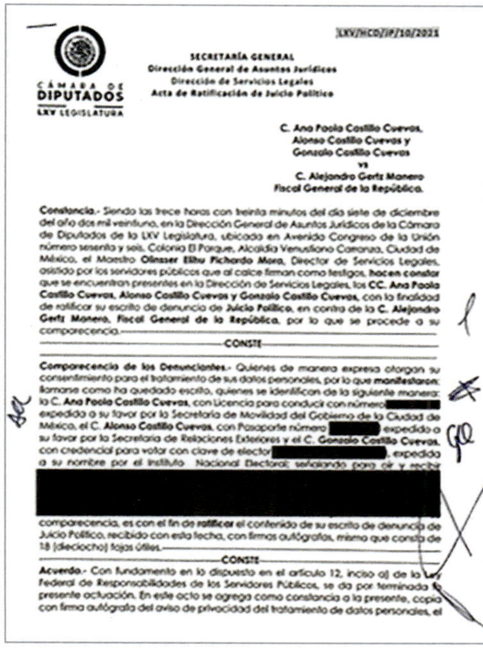

LXV/HCD/JP/10/2021

CÁMARA DE DIPUTADOS
LXV LEGISLATURA

**SECRETARÍA GENERAL**
**Dirección General de Asuntos Jurídicos**
**Dirección de Servicios Legales**
**Acta de Ratificación de Juicio Político**

**C. Ana Paola Castillo Cuevas,**
**Alonso Castillo Cuevas y**
**Gonzalo Castillo Cuevas**
**vs**
**C. Alejandro Gertz Manero**
**Fiscal General de la República.**

**Constancia.**- Siendo las trece horas con treinta minutos del día siete de diciembre del año dos mil veintiuno, en la Dirección General de Asuntos Jurídicos de la Cámara de Diputados de la LXV Legislatura, ubicado en Avenida Congreso de la Unión número sesenta y seis, Colonia El Parque, Alcaldía Venustiano Carranza, Ciudad de México, el Maestro **Olinsser Elihu Pichardo Mora**, Director de Servicios Legales, asistido por los servidores públicos que al calce firman como testigos, **hacen constar** que se encuentran presentes en la Dirección de Servicios Legales, los **CC. Ana Paola Castillo Cuevas, Alonso Castillo Cuevas y Gonzalo Castillo Cuevas**, con la finalidad de ratificar su escrito de denuncia de **Juicio Político**, en contra de la **C. Alejandro Gertz Manero, Fiscal General de la República**, por lo que se procede a su comparecencia.———

———CONSTE———

**Comparecencia de los Denunciantes.**- Quienes de manera expresa otorgan su consentimiento para el tratamiento de sus datos personales, por lo que **manifestaron**: llamarse como ha quedado escrito, quienes se identifican de la siguiente manera: la C. **Ana Paola Castillo Cuevas**, con Licencia para conducir con número ████ expedida a su favor por la Secretaría de Movilidad del Gobierno de la Ciudad de México, el C. **Alonso Castillo Cuevas**, con Pasaporte número ████ expedido a su favor por la Secretaría de Relaciones Exteriores y el C. **Gonzalo Castillo Cuevas**, con credencial para votar con clave de elector ████, expedida a su nombre por el Instituto Nacional Electoral; señalando para oír y recibir ████ comparecencia, es con el fin de **ratificar** el contenido de su escrito de denuncia de Juicio Político, recibido con esta fecha, con firmas autógrafas, mismo que consta de 18 (dieciocho) fojas útiles.———

———CONSTE———

**Acuerdo.**- Con fundamento en lo dispuesto en el artículo 12, inciso a) de la Ley Federal de Responsabilidades de los Servidores Públicos, se da por terminada la presente actuación. En este acto se agrega como constancia a la presente, copia con firma autógrafa del aviso de privacidad del tratamiento de datos personales, el

7 de diciembre de 2021.
Hijos en la Cámara de Diputados
para promover juicio a AGM.

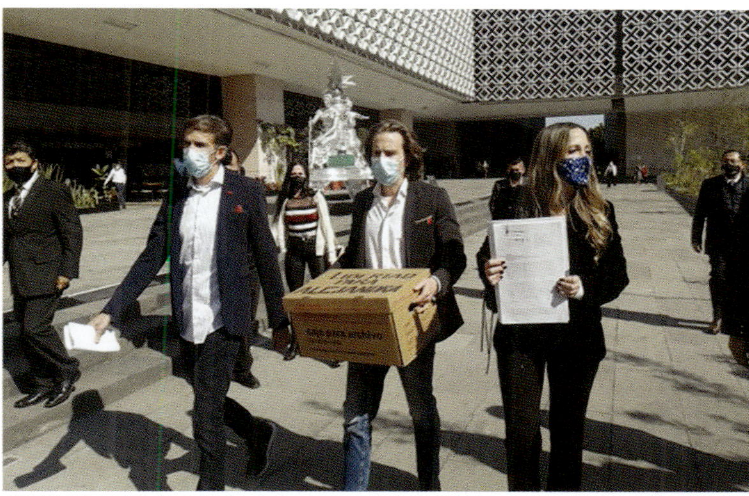

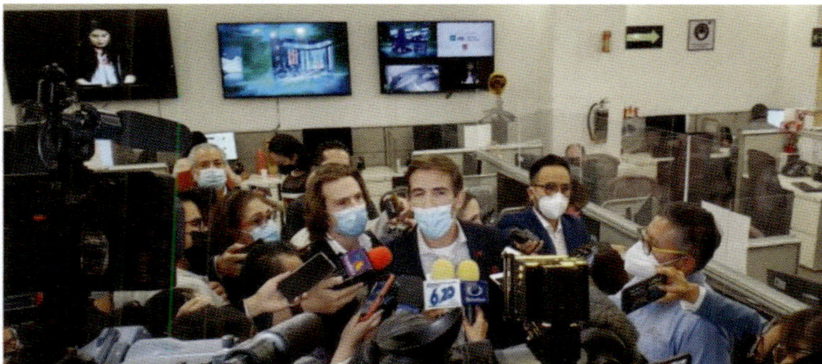

15 de diciembre de 2021. Hijos (Ana Paula) dando entrevista afuera de la SCJN con López Obrador en la puerta.

10 de febrero de 2022. Gonzalo visitando Santa Martha Acatitla.

28 de febrero de 2022. Invitación a homenaje en Monumento a la Madre.

Ciudad de México, domingo 6 de marzo de 2022

**A LA OPINIÓN PÚBLICA:**

- **La familia de Alejandra Cuevas Morán y Laura Morán Servín manifiesta el agravio que continúa significando para estas dos mujeres adultas mayores la situación asimétrica de poder que las tiene sometidas a un proceso penal injusto, ingrato y humillante.**

- **La evidencia sobre el enorme poder económico, político y social de Alejandro Gertz Manero es contundente, como también lo es que ellas han sido víctimas suyas durante varios años.**

- **Solamente así es posible explicar que Alejandra Cuevas lleve más de 500 días privada de su libertad sin haber cometido ningún delito ni haber infringido las leyes de nuestro país.**

- **En espera de que las y los ministros de la Suprema Corte de Justicia de la Nación (SCJN) nos reciban para escuchar de viva voz nuestros argumentos, hemos decidido transparentar de cara a la opinión pública cada una de las razones que habremos de invocar ante las personas que representan al máximo tribunal.**

- **A diferencia del fiscal general de la República, la familia Cuevas Morán no tiene nada que ocultar, nada que esconder, ninguna ley que defraudar, ningún denuesto que arrojar contra esa autoridad judicial.**

**A las y los integrantes del Pleno solicitaremos:**

- **Que se haga un pronunciamiento previo a la discusión del proyecto** de que los recursos interpuestos por Laura Morán y Alejandra Cuevas **se resolverán con perspectiva de genero**, aplicando para ello el Protocolo de Juzgamiento que emitió la SCJN, pues es evidente que en este caso las quejosas se sitúan en una posición de desventaja frente al tercero interesado.

- **No estando ya a discusión si se debe otorgar protección a las quejosas** suplicamos que **el amparo concedido** no vaya a ser meramente para efectos; **la Corte puede otorgar un amparo liso y llano dónde se ordene la libertad inmediata y absoluta de nuestra madre y la cancelación de la orden de aprehensión en contra de nuestra abuela.**

  Así se evitará:

  - Soportar el tiempo que tome la elaboración del engrose de sentencia, el cual puede llevar semanas o incluso meses.

  - Que la sentencia de amparo sea interpretada por un tribunal distinto a la SCJN, dando lugar a un ir y venir de quejas e inconformidades –de ambas partes—, derivadas de cualquier posible interpretación. Lo cual, además, haría nugatorio el derecho humano a una tutela efectiva.

  - Que el tercero interesado, como probó haberlo hecho antes, intente someter a cualquier persona dentro del Tribunal Superior de Justicia de la CDMX.

  - Que a Laura y Alejandra les sea negado el derecho a ser tratadas como mujeres adultas mayores en los términos de la Ley de los Derechos para las Personas Adultas Mayores. Urge suspender el mal trato en su dignidad, integridad y libertad, y frenar lo que constituye, también por su edad, una expresión de tortura.

En caso de que la Corte ratificara el camino injusto de solicitar la reposición del procedimiento, en vez de dictar un amparo liso y llano liberando a Alejandra Morán, suplicaremos para que, en lo que se resuelve el caso, **permanezcan ambas en reclusión domiciliaria**, sin que para ello sea necesario fijar ninguna garantía.

Tanto las víctimas como la familia estamos muy afectados por las revelaciones recientes.

Tratamos sin embargo de mantener objetividad **porque nuestra única meta es lograr la libertad absoluta de nuestros seres queridos**.

Con todo, no podemos ser ajenos a los hechos que se ventilaron públicamente, porque desvisten la asimetría que hay en este caso: **un hombre poderoso litigando contra dos mujeres de edad avanzada** sin relaciones, sin sustento material, cuyos abogados somos la propia familia.

No existe prueba más notoria de esta asimetría que el hecho de que el tercero interesado **haya obtenido ilícitamente** el proyecto de fallo que se pretende resolver el próximo 14 de marzo, lo que le otorgó una abusiva ventaja procesal tan ilegal como injusta.

Alonso Castillo Cuevas
Ana Paula Castillo Cuevas
Gonzalo Castillo Cuevas

6 de marzo de 2022. Posicionamiento tras filtración de audios de AGM.

8 de marzo de 2022. Hijos (Ana Paula) en la ampliación del juicio a AGM
en la Cámara de Diputados.

14 de marzo de 2022. Hijos con papá en el día de la primera deliberación.

**A la opinión pública:**

**A partir de la publicación del proyecto de sentencia, hemos tomado la decisión de visitar a las ministras y los ministros de la SCJN, para compartir con ellos nuestros puntos de vista.**

**Todos son esencialmente favorables, sin embargo, entendemos que lo fundamental es que este proyecto alcance unanimidad. Por ello, dirigiremos nuestro esfuerzo para que así sea.**

**Por lo pronto, felicitamos ampliamente a la SCJN, a su presidente, Arturo Zaldívar Lelo de Larrea, y al Ministro Ponente, Alfredo Gutiérrez Ortiz Mena, por dignificar la justicia en nuestro país y darle la libertad a una mujer inocente y, además, culpada con un delito inexistente.**

**Tenemos confianza en que los familiares de todas las presas y presos inocentes, encarcelados bajo la figura jurídica de prisión preventiva oficiosa, logren, también, la liberación de sus seres queridos.**

**México debe tener un sólido Estado de derecho para que todos sus habitantes podamos vivir con seguridad y tranquilidad.**

**Atentamente,**

**Familia Castillo Cuevas.**

22 de marzo de 2022. Posicionamiento, nuevo proyecto de sentencia.

28 de marzo de 2022. Reencuentro tras liberación.